まえがき

　流山軽便鉄道として会社創業以来、戦時統合を免れたものの会社名は現在まで6回も変更しているのに、僅か5.7kmの路線は開業後、一世紀以上経過した今日まで全く変わらない鉄道が流鉄である。江戸川に隔てられているとはいえ東京に最も近い地方鉄道でありながら、路線距離は全国でも芝山鉄道、紀州鉄道、岡山電気軌道、水間鉄道に続く短さである。そのため途中に交換駅もなく、たった2輛しかないガソリンカーが、農村地帯をのんびりと往復する期間も長かった。なによりも戦前からユニークな蒸気機関車が走っていたことから、ファンには知られた存在であり、戦前の趣

味誌『鐵道趣味』にも「東京近郊の蒸気機関車を訪ねて」のサブタイトル付きの地方私鉄紹介記事のなかに大きく掲載されたこともある。

それから幾星霜、沿線は住宅が密集して、ラッシュには４輌編成を運行した時期もあったが、近年は西武鉄道から転入の高性能電車ばかりが走っている。それでも２輌編成の電車が単線を走る姿は、首都圏ではあまり見掛けなくなった数少ない存在である。

今回は蒸気機関車が走った軽便時代以来の車輌紹介を含めて現代版「東京近郊の電車を訪ねて」みようと思う。

東京から20km圏内の当地に都市化の波が押寄せ、沿線に新築住宅が目立ち始めた頃の風景。モハ1101は車体が旧京浜急行電鉄の400形。当時の流山電鉄では最新車輌である。
1972.5.28　P：古村　誠

流山駅全景。旅客ホームは本屋に隣接した一面のみ。画面左側手前に貨物ホームと万上貨物側線の分岐点があった。クハ55（左）の椀型、
「流星」（右）のガーランド型ベンチレータも今ではレトロな感がある。

1979.3.9　流山　P：名取紀之

1. 沿革

■1−1　流山の鉄道忌避伝説とドコービル軌道計画

　千葉県北西部に位置する流山市（人口18万人余）は、江戸の昔より味醂醸造地として栄え、江戸川水運の要地としても発展して、明治初期には葛飾県とその後の印旛県の県庁所在地でもあった。ところが1896（明治29）年12月25日開通の日本鉄道土浦線（現・JR常磐線）は田端〜土浦間に田端・南千住・北千住・松戸・柏・我孫子・取手・藤代・牛久・荒川沖・土浦の各駅を置き、1898（明治31）年8月6日馬橋駅、1911（明治44）年3月18日には北小金駅も開設されるが、流山を線路が通過しなかったのは地元に大きな敷設反対の動きがあったためと伝えられている。同様な鉄道忌避伝説は沿線の葛飾新宿・龍ケ崎・土浦・那珂湊にも存在するが、流山を含め、いずれの地にも反対運動を実証する記録は発見されておらず、今日ではすべて否定されている。当初案の上野〜川口〜流山〜柏（根戸）〜我孫子〜土浦を結ぶコースが、監督官庁である鉄道局の意見で距離的に有利な上野〜松戸〜柏（根戸）〜我孫子〜土浦の現在線コースに改められて工事が進められたことが明らかになっており、当時最大のエネルギー源であった石炭の輸送のため、常磐炭田から京浜地区へ迅速に運ぶことが同線の主な建設目的であった

から、必然的に直線コースが採用され、迂回を必要とする小都市、村落は黙殺されたのである[注1]。

　ところが、流山ではそれより遥か以前に二つの鉄道計画が立ち上げられていた。一つは1884（明治17）年に東京の有志数名が計画した流山−野田間馬車鉄道[注2]であり、他の一つは、それより以前の1883（明治16）年5月6日付申請の流山〜花ノ井間2里18町（現・流山市加と柏市花野井、約9.82km）間ドコービル軌道の敷設計画で、当時は関東地方最大の輸送路であった利根川と江戸川の水路連絡が分流点の関宿まで大きく遡航しなければならなかった不便解消のため、両河川を陸路で結び短絡する目的であった。

　ドコービル軌道とは、レールに枕木代用の鉄板を梯子状に取り付けた、少人数でも持ち運び可能な簡便な軌道であり、いわば模型鉄道のレールやプラレールと同じ原理だが、これを用いて敷設した軽便鉄道を指している。またこのような軌道で使用のフランス製の小型機関車のみをいう場合もある。名称はパリ郊外で自ら営む甜菜畑と砂糖の輸送のためにこの軌道を考案したポル・ドコービルという人物の名前に由来する。彼は会社を設立して軌道機材ばかりか機関車や車輌の製造も始め、1880年以降は本格化した。千葉県令 舩越衛あてに提出された「鉄道架設願」[注3]の文面は下記のようなものであった。

「日本政府ノ法令ヲ遵奉シ同志者相謀テ鉄道会社ヲ創立シ資本金拾万円ヲ以テ千葉県下下総国東葛飾郡流山村上加村河岸ヨリ全国全郡花ノ井村川岸ニ至ル凡ソ距離二里拾八丁ノ間ニ佛国新発明「トコービール」鋼鉄軽便鉄道ヲ架設シ汽車ヲ以テ博ク運輸ノ業ヲ営マント欲ス　因テ該鉄道架設之義至急御許可被成下度此段登記人連署ヲ以テ奉願候也　但シ追テ御許可相成候上ハ御示命ニ従ヒ会社創立定款其ノ他鉄道建築ノ方法等速ニ差出可申候也」

　発起人14人には池田栄亮(千葉県会議長)、成島巍一郎(県会議員)や地元流山の秋元三左衛門(醸造業)、中村権次郎(流山銀行頭取)、鎌田嘉右衛門が名を連ね、東京の林千尋(航運社)、平野富治(造船業)の名前も見えている。平野はのちに石川島造船所(現・IHI)の創立者となるが、この時期は「いろは丸」などを建造した平野造船所を経営し、土木工事にも力を注いでいた。1882(明治15)年に銚子築港計画が起こったのを機会にドコービル軌道一式の日本独占販売権を得ており、普及と売り込みを狙っての参入であろう。また常磐線開通以前の時期に流山の有力な醸造業者達が参画している事実は「生業不振を恐れた水運業者と彼らに融資した高瀬舟造船費の取り立て不能を恐れた醸造業者が提携して、町ぐるみ常磐線建設に反対した」[注4]とする従来の鉄道忌避伝説の理由付けとはまったく相容れないもので、有力者達が鉄道建設に一応の理解があったことを表している。

　ドコービル軌道計画をさらに詳しく1883(明治16)年

7月2日付「鉄道建築特許願」の「架設概算書」[注5]でみると、軌間は600mm、停車場を両端と中間の3ヶ所に設け、4噸機関車2輌、客車5輌、荷物車1輌(ブレーキ付)、貨車7輌(うち2輌ブレーキ付)、土砂運送車4輌を用いて1日17～18往復させ、利根川水運の積荷の½～⅔の転移を見込んで年間18万人の乗客と323,325駄の荷物を運搬し、54,333円の収入を得て、支出27,8545円を差し引き、26,479円の利益を挙げ得ると予想している。さらに不用になった際は他へ転用すればよいと、ドコービル軌道の効用にも言及している。

　実現すれば、わが国最初の軽便鉄道にもなった本計画は、「いろは丸」を運航していた航運社が、「通運丸」「銚子丸」を就航させた内国通運や銚子汽船との競争に敗れて汽船業から撤退したことと、千葉・茨城両県当局が利根運河開削の方針を決定したことで挫折した。しかしドコービル軌道は、その後碓氷馬車鉄道や足尾銅山で実用化され、土木用軌道として広く用いられた。同社製造のフランス製機関車は「焼津」「大井川」号の2輌が確認されるのみだが、スケッチした内務省工場などで製造の類似の機関車は多く確認されている。

注1)流山の鉄道忌避伝説否定の論考はいくつかあるが、代表的なものは青木栄一『鉄道忌避伝説の謎―汽車が来た町、来なかった町』p84～95・187～192(吉川弘文館・2006年)である。
注2)『千葉県史明治編』p804(千葉県・1962年)の記述によるが、詳細は不明である。
注3)「鉄道架設願」(公文類聚第8編　1884年　第44巻運輸・船舶車輌…・国立公文書館所蔵)
注4)北野道彦『町民鉄道の60年』p12～13(崙書房・1978年)による。
注5)前掲文書注3)による

遠賀川改修工事で活躍中の5噸ドコービル社製機関車。1910年代前半。

絵葉書所蔵：白土貞夫

■1－2　流山軽便鉄道発起から会社設立まで

　明治末期の千葉県知事 有吉忠一は劣悪な県内道路事情改善策として、県営鉄道建設を推進し、野田・久留里・大多喜・多古線（現・東武鉄道野田線・JR久留里線・いすみ鉄道である。多古線は廃止）などを建設した。ほかにも銚子〜外川間、北条〜千倉間などの建設を地元に打診したが、県債引受条件などで折り合いがつかず、実現しなかった。1909（明治42）年末刊行の堀江吟山編『流山』に「交通機関として軽便鉄道布設の議あり或は近き将来においてこれが実現するに至らんか」と記すのは、おそらくこの動きであろう。具体的なことは不明だが、1916（大正5）年3月8日付『東京日日新聞』房総版にも「覚醒せる流山町　町民漸く交通機関に着目す」の見出しで「先年県営軽便鉄道の設計されし際に松戸、流山、野田に通ぜんとせしも流山地方の有志は一部工業家を除く外軽鉄敷設を歓迎する者なく地価非常に高騰せし為、県も終に該計画を中止せり。而して町民及び沿道民また敢えて此中止を意に介せず一に江戸川水運のみに拠り居たるが今日斯る手数は時勢の要求に伴ふ能はず此に漸く鉄道の必要を認め今回馬橋、流山間鉄道敷設を見るに至れる次第なりと」と報じて、県営鉄道建設には消極的であった流山町民が、ようやく目覚めて自町への鉄道導入を果したと報道している。この記事の馬橋、流山間鉄道とは、もちろん1912（大正元）年9月17日出願の流山軽便鉄道を指し、その免許申請書類[注6]は次のとおりである。

「流山軽便鉄道線路敷設許可願　私共儀今般流山軽便鉄道株式会社ヲ組織シテ千葉県東葛飾郡馬橋村馬橋停車場ヲ起点トシ同県同郡小金町ヲ経テ流山町ニ至ル延長四哩三十鎖間ニ軽便鉄道ヲ敷設シテ旅客及荷物運輸ノ業ヲ相営ミ度候ニ付右敷設ニ関スル幅員其他御命令ニ依リ相違ナク築造可仕候間御評議ノ上敷設免許状下付

為被下度別紙起業目論見書線路予測図敷設費用ノ概算書運送営業上ノ収支概算書委任状並ニ仮定款相添此段願上候也」

　発起人は秋元平八（流山）ほか31人で技術者2人（東京）を除き流山の人達であった。その後7人（流山2人、馬橋4人、東京1人）の追加発起人が加わった。添付の「収支概算書」には建設費55,000円、年間収支は旅客収入2,811円、貨物収入1,168円、営業費1,657円、純利益金2,322円と算定している。これを鉄道当局は翌年6月2日付で費用概算、収支概算ともに頗る過少であると見直しを求め、発起人達はただちに6月9日付で資本金7万円への訂正書類を提出した。『流山市史』は「流山線の敷設目的は味醂輸送であり、軌間が相違していれば積み替えを要するのに、敢えて762mm軌間を採用したのは鉄道の特性が理解されないままに敷設された」[注7]との見解を示すが、資本蓄積が脆弱な流山では、僅か7万円余の出資も相当な負担であり、短距離の軽便鉄道であっても建設は容易ではなかった。そのため貨車直通不能な軌間相違のハンディを十分に理解していたとしても1,067mm軌間鉄道建設に応えるだけの資本力はなく、「収支概算書」の収入見込額をみても旅客輸送が主体で、味醂輸送に大きな期待を掛けていたとは到底思えない。また同文書に添付の「線路予測平面図」によれば、馬橋（0哩0鎖）を起点に小金（1哩33鎖）・鰭ヶ崎（2哩12鎖）・宮下（3哩13鎖）・流山（3哩48鎖）[注8]・八重塚（4哩15鎖）の五駅を設ける予定であった。八重塚は現流山市三輪野山2丁目付近だが、そこまでの線路は実現しなかった。

　この出願は1913（大正2）年7月1日免許され、同年11月7日流山軽便鉄道株式会社が設立されたが、この間にかなりの紆余曲折があって、スムーズに会社設立に至らなかったことは当時の自社刊行物からも窺える[注9]。当初は本社を東京市下谷区上野町2丁目18番地に置くが、何故かその後は所在地が頻繁に移動している。当時の「株主の大半は流山町民で、116人であった。流鉄が今でも町民鉄道といわれるのは町民のための、町民による、町民の鉄道であったことに由来する」[注10]との説が今日では定着し、近年は「町民鉄道」が当鉄道の代名詞のように言われているが、実はこの時代の地方鉄道は地元の人達が祭礼の寄付のように一種の地域分担金と考え、1〜2株の株式に応募して成立した会社が大半で、その意味では全国に多数の町民鉄道、市民鉄道が存在した。決して流山軽便鉄道だけが独り「町民鉄道」ではないし、現実にも流山町民だけでは全額の資金調達は困難で、他からの資本投下をかなり仰いだとみられる。すなわち創立時の初代社長に

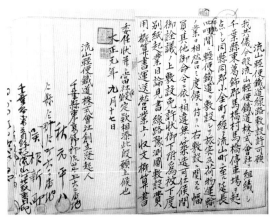

流山軽便鉄道線路敷設許可願（免許申請書）（抄）。
所蔵：国立公文書館

就任した都築六郎（東京市下谷区）は、翌年２月専務取締役となり、社長を寺師平一（東京毎日新聞副社長）と交代するが、両人とも短期間で辞任して以後社長不在の期間が長く続く。地元民でも発起人でもない都築や寺師が経営のトップを占めた理由は所有株数とともに不明だが、創業時の重役の半数が沿線以外の他地域居住者であることがその証しとなるし、流山を代表する醸造家の堀切紋次郎、秋元三左衛門が発起人や役員に不参加であることも「挙町一致」と言えるか甚だ疑問である。この両人は別に1912（大正元）年10月28日免許を得た我孫子〜流山〜越谷〜岩槻〜大宮間の武総鉄道計画発起人として参画しており、弱小な流山軽便鉄道は実現覚束なしとみて出資を躊躇したのではなかろうか。武総鉄道計画は蒸気動力だが1,067mm軌間、資本金100万円、柏原文太郎（東葛飾郡選出・衆議院議員、国民党所属）、久米良作（元日本鉄道副社長）、坂本則美（元総武鉄道社長）、三浦泰輔（京浜電気鉄道社長）、根津嘉一郎（東武鉄道社長）など錚々たるメンバーが発起人として揃い、その鉄道事業家としての名声と大きな財力により、流山への鉄道導入の実現性を極めて高いと踏み、参画したのだろうが、計画自体は工

事施工延期を５回繰り返した末に1916（大正５）年４月26日免許返納して終わった。

注６）「鉄道省文書、流山鉄道巻１」による。付属文書も同じ（国立公文書館所蔵）
注７）『流山市史通史Ⅱ』p568（2005年・流山市教育委員会）による。しかし、千葉県営鉄道野田線は、当初の陸軍鉄道聯隊保管の600mm軌間レール転用予定であった計画を、野田醤油醸造組合（現・キッコーマン）が醤油の原料製品輸送に有利な、国鉄との貨車直通可能な1,067mm軌間への変更を陳情し、県債購入額を増額して実現させた。隣接の流山の発起人達が、その経緯や軌間相違による不利な輸送条件を承知していなかったとは考え難く、やはり小額な資金によって鉄道を実現させるには、安価で建設可能な軽便鉄道とせざるを得ない事情がある。
注８）小林茂多『千葉県鉄道計画史　幻の鉄道』p210（1983年・崙書房）の記載では「３哩73鎖」とあるが、同数値は近接の開渠地点の哩程を誤記載したと認められる。
注９）『流山市史近代資料編、流山町誌』p543所載の『流山案内記』（1916年・流山鉄道開通記念協賛会刊）は会社発足までの経緯を「当町有志により発起計画せられ最初、秋元平八氏創立委員長たりしが吉場利右衛門氏之に代り、更に此間幾多の曲折を経、尚東京商業興信所長小林敏信氏等の斡旋尽力により会社創立を見る」と記して、スムーズに会社創立に至らなかったことを窺わせる。
注10）前掲書４）p26による。ただし同一筆者が『総武流山電鉄70年史』p47（同社・1986年）では「実は裏付けとなる創業当初の株主名簿が残っておらず、第29回（1926年12月現在）営業報告書記載の株主名簿に拠った」としている。また、同書には創業時に相談役に就任した堀切紋次郎、秋元三左衛門、秋元平八、中村権次郎を会社役員としているが、相談役は会社法上も会社定款上も役員ではない。流山を代表するこれら事業家達が経営陣に不参加なのは注９）にも関連するが、今後の研究課題となろう。

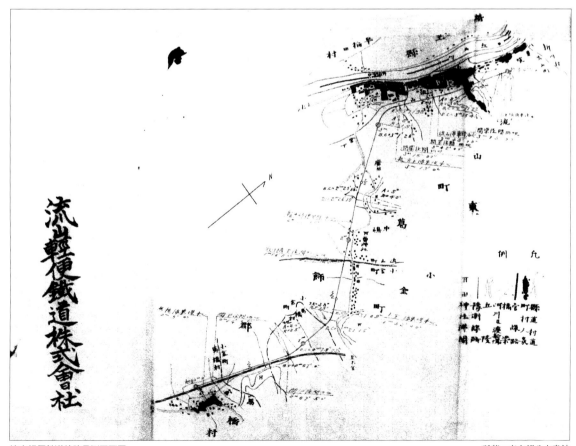

流山軽便鉄道線路予測平面図。

所蔵：東京都公文書館

7

コッペル製（新）１号機と大日本軌道鉄工部製ロハ１。　　　　　　　　1918年秋　流山駅構内　所蔵：秋谷光昭　提供：流山市立博物館

■１－３　開業と流山軽便鉄道時代

　流山軽便鉄道の建設工事は1914（大正３）年３月16日工事施工認可を得て、同年９月に大丸組が請負って始まった。レールは服部商店が納入している。ほとんどが平坦地のため、工事は順調であったが、馬橋駅連絡工事に手間取って完成は1916（大正５）年２月となり、３月４日試運転を実施した。これを３月７日付『東京日日新聞』房総版は「流山軽便鉄道は四日試運転を為したるが車輌は新式ボギー車にて車内の装飾等も斬新なれば乗心地よく速力は六哩五十鎖にて成績良好なりき」などと報じている。開通式は同月12日流山駅前で開催され、工事報告や来賓挨拶後に万歳三唱し、祝宴後に音楽隊、芸妓手踊、喜劇茶番　素人相撲、煙火の余興があり、各戸は国旗、提灯を掲げて祝意を表したと、翌日付同新聞が盛況の有様を報道している。

　建設工事中の酷使により機関車１輌は不調で修理中のため、1916（大正５）年３月14日開業当日の可動機関車は１輌のみの有様であったが、何とか営業を開始し「三月十四日今朝一番列車ヨリ運転開始ス」の電報報告が鉄道院あてに発信されている。

　開業時は軌間762mm、馬橋・大谷口・鰭ヶ崎・流山の各駅を設けた。車輌は機関車２輌、特並等合造客

流山軽便鉄道開通式会場（２枚とも）。　　　　　　　　　　　　　　　1916.3.12　所蔵：秋谷光昭　提供：流山市立博物館

流山軽便鉄道以来の社紋。　　　　　　　　P：宮松慶夫

車2輌、貨車2輌が在籍し、機関車は中古だが客貨車は新品である。鉄道営業には最低限度の輌数だが、客車に特等・並等の区別のあったことには驚かされる。このうち当初の機関車2輌はその後交代して計4輌が在籍したことになるが、客貨車はすべて改軌まで使われた。

　待望の汽車は開通しても客貨ともに僅少であった。当初は8往復の列車が所要20分で運行したが、開業翌年度の輸送量から算定すれば一日平均乗客数197人、貨物3トンであり、1列車あたり12人足らず、重量物の多い味醂の原料、製品も引き続き積換え不用な水運利用からの転移はなかったことを物語っている。

　古老はその頃の情景を流山軽便鉄道は「資本金五万円の株式会社で始まった。品川駅前の海を埋め立てる為土運びのトロッコを引いて居た小型の汽缶車を買収してきた。小さくて煙突の上部が膨れて居て、チャカチャカ音を立てて走る。もちろん線路も細いし、幅員も狭かった。（中略）経営も困難を極めたらしく時々石炭がなくなってしまう。そういう時には荷車をもって味醂会社へ石炭を借りに行った。故障もたびたび起こり、汽車がどうしても動かぬ日は町の要所に『本日汽車休み』の掲示が出た。1926年に普通のレールの幅になった」「開通は1915（大正4）年11月、当時は細いレールに狭い軌道、品川海岸の埋め立て工事に使用した汽車の払い下げだったらしい。機関車は小型、客車は昔の市電位のもの、二等三等の仕切りがあって三等は板張り冬は冷たかった。一日二十回くらいの運行だが当時としては便利だった」[注11]と回顧している。この記事は資本金額、開通と改軌時期、機関車の前身等に記憶違いと思われる部分が散見されるにしても、軽便時代の雰囲気を知ることができる記事といえよう。

注11）松本翠影「ゴトゴト走って60年」岡本鷹之助「流山鉄道」『流山を愛す』p35～36・102～104（流山を考える会・1977年）　なお、軽便時代の流山鉄道に関する従来の郷土史などの記述は、この両記事からの引用が多いが、内容については十分な吟味が必要である。

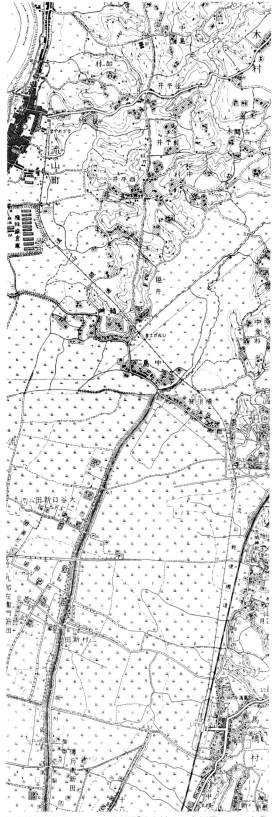

国土地理院発行1/25000地形図「流山」（1928年測図・1930年発行）「松戸」（1927年鉄補・1928年発行）より転載（80%）。まだ途中駅は大谷口と鰭ヶ崎のみ。鉄道名の表記は上の図（流山）が「流山鉄道」に対して、下の図（松戸）は「流山軽便鉄道」のままである。

改軌工事風景。後年のことだが、左側の初代流山駅舎は映画「牛づれ超特急」の舞台にもなった。1924年　流山駅構内
提供：流鉄

■1－4　軌間変更と流山鉄道時代

　大正期も後半になると、陸軍糧秣本廠倉庫が流山へ移駐する動きが起こり、1922（大正11）年には用地買収も始まる。この施設に発着する大量の貨物輸送が見込まれることになった流山軽便鉄道では、馬橋駅での貨物積換作業解消のため、国鉄との貨車直通が可能な1,067mm軌間への改軌を図り[注12]、同年11月15日資本金を20万円に増額して、社名も軽便を除き「流山鉄道」と改称した。

　この時に再登場したのが初代社長であった都築六郎とそのグループの人達[注13]で、すべて東京在住者であった。直後に地元の旧重役との間に軋轢が起こり、経営が極めて混乱した模様が何度も新聞を賑わせるが、その後は東京派の人達が長く役員を務めている。

竣功当時のキハ32。円筒状の機器は木炭ガス発生炉。地方鉄道初の代燃車として登場したが、ほとんど役に立たず撤去した。車体実幅は2,200mmに過ぎず、大きな張出ステップ付である。
提供：湯口　徹

流山町全景

1920年代の「流山町全景」。左隅に流山駅ホーム、流山鉄道本社社屋（2階建）と屋根だけの車庫が見える。煙を吐く煙突は万上味醂工場。
絵葉書所蔵：白土貞夫

改軌工事は1924（大正13）年5月5日工事方法変更認可を得て実施された。工事手順は先行して馬橋、流山駅構内の工事を行い、同年12月25日最終列車後に、線路付替工事を行った。事前に本線線路を三線式か四線式のいずれで敷設してあったのかは不明である。翌12月26日[注14]初列車から1,067mm軌間の列車が運行を開始した。改軌後の運行のため、中古の蒸機2輌、客車3輌、貨車4輌を揃えたが、不用となった軽便車輌の行方は定かではない。

蒸気動力からの合理化を図るため、1933（昭和8）年1月27日瓦斯倫動力併用認可を得て4月5日から新製内燃動車による運転を開始し、赤城駅を開設した。直後に流山鉄道を訪問した大木貞一は「ガソリン車は初めてだが、緑に粧われた丘や藁屋根の村々を望みながら快走する気持ちは悪かろう筈もなく、客も私の外にお爺さん一人きりで、途中の三駅は片側ホームでポイントもシグナルもない。客がなければサッサと通過する（中略）今年4月から客車は蒸気運転を廃止、ガソリン動車に改め、貨物のみ1日4回蒸気列車を運転している。帰りのお客は私1人、中間駅は皆通過して13分で馬橋着」[注15]と描写した。同年度乗客数は1日平均218人、1列車平均6.4人なので昼間の閑散ぶりも頷ける。翌年12月さらに1輌を増備し、従来使用の客車3輌を全廃する。つまり旅客輸送は内燃動車2輌にすべて委ねたのだが、太平洋戦争勃発によって客貨は増加に転じて、1937（昭和12）年度と1945（昭和

20）年度を比較すれば1日乗客数404人が2,840人（7.0倍）、貨物99トンが239トン（2.4倍）、ところが運転回数は17往復が10往復に減少、当然混雑は激化しても、この間の客車数2輌（内燃動車）には増減がない。輸送力不足は国鉄からの車輌借入れでカバーしたが、本書下巻「借入車輌」の説明はその一部であり、全容は明らかではない。こうして流山鉄道はバス兼営がなかったためか、千葉県下で同じ条件下の銚子鉄道（現・銚子電気鉄道）とともに太平洋戦争中の企業統合を免れて終戦を迎えた。

注12）『流山市史通史編Ⅱ』p569～570は「流山軽便鉄道の意思で改軌に踏み切ったとは考えにくい（中略）陸軍糧秣本廠の意思によって行われたと推察する」と典拠を示さずに記述するが、1922（大正11）年11月15日開催の臨時株主総会では議長が増資の提案理由を「今般陸軍糧秣廠倉庫新設ニ伴ヒ必然的ニ改造ヲ要スル趨勢ニ迫ラレタルヲ以テ本案ヲ提出シタ」（鉄道省文書『流山鉄道巻2』）旨説明しているから、流山軽便鉄道自らの発意で増資のうえ、改軌したことは明らかである。陸軍省申入れであれば、当然この機会に説明して何らかの記録も残り、補助金支給などもあるはずだが、それらの記録は見当たらない。

注13）小川功「大正期の泡沫会社発起とリスク管理－河野英良と彼のパートナーを中心として」（『滋賀大学経済学部研究年報』Vol.12・2005年）p17～20によれば、当時の流山鉄道社長都築六郎、専務取締役千沢平三郎、監査役峰岸慶蔵は、各人とも弱小な宝永銅山（青森県三戸郡）の専務取締役、取締役、監査役を兼任し、他にもいくつかの弱小会社経営に共同で参画したが、リスクが大きいにもかかわらず、誇大な吹聴で一般からの投資を誘う虚業家と称せられる人達であったという。また流山鉄道支配人を兼務した千沢（下谷銀行支配人）は流山駅裏側の飛地山（現・流山市役所所在地）を地主の秋元三左衛門から譲受けて居住したが、当初は同地を遊園地開発する目論見もあったという。

注14）前掲書注4）および『総武流山電鉄70年史』ともに改軌時期を「大正13年12月」とのみ記載して何日かを明記せず、70年史表は「12月25日」と記載する。しかし当時の鉄道省竣工監査報告に従えば改軌工事完了が12月25日夜半、開業初日は12月26日が正しい。

注15）紅山啓駒「流山鉄道を訪ふ」『鐵道趣味』5号p17～18（鐵道趣味社・1933年）

column 流山鉄道でロケされた映画「牛づれ超特急」

　1937(昭和12)年11月封切の東宝映画で、もちろんモノクロ、全編79分の喜劇作品である。監督大谷俊夫、主演は岸井明、藤原釜足、渡辺篤、姫宮接子、レイルファンとしても有名であった堀内敬三が作曲し、土岐善麿作詞の「帝都を後にさっそうと…」の軽快な新鉄道唱歌のバックメロディーで幕が開き、のどかな田園風景が広がる南北軽便鉄道を舞台に駅長(渡辺)の娘、アキコ(姫宮)をめぐって若い機関士の五郎助(岸井)と車掌の刈太(藤原)の他愛のないドタバタ劇だが、巨漢の岸井が小さな機関車を運転するアンバランスが面白い。アキコに横恋慕した重役のドラ息子を小川に投げ込んで二人とも会社をクビになり、仕方なくドサ回りの演劇一座に雇われた後半シーンに鉄道は出てこない。

　撮影ロケ地は流山鉄道と沿線だが、映画評論家の村上忠久の映画評も「ガタガタの機関車が古ぼけた客車を1両引いて走っていく。之がこの映画の最も愛すべき部分である。前半の田園に住む人達と二人の主人公の生活は楽しめるが、(中略)後半は笑劇的でつまらない。結局はすべての人物も事件も田野を走る汽車の姿

のワンカットに及ばない」(「主要日本映画批評」『キネマ旬報』630号、1937年)と主演級のサドルタンクのボールドウィン(15号か16号のいずれか分からない)が古典客車1輛を牽いて走る列車に絶賛を惜しまない。

　列車の走行シーンは新坂川沿いなど随所に登場し、畦道で手を振れば臨時停車してお客を乗せたりする。田圃の中の障子もある素朴な大谷口駅は駅名標もハッキリと映り、ホームに停車中の「ワ1」に生きた豚を積み込み、後部へ到着した蒸機が推進運転で発車するシーンもある。改築前の流山駅の小さな駅舎やホームも登場し、背景の飛地山には大木が繁茂している。

　客車はかなり荒廃し、塗装も剥げて辛うじて縦書き「フハ11」の番号が読みとれるが、廃車時期から考えて休車中か廃車後に無理に引っ張り出して出演させた感が深い。車内は車幅いっぱいの座席を設けた多ドア区分席、背もたれは横棒一本である。中間部は窓際に座席を置くが、いずれも板張りにござを敷くいわゆる畳敷きシートに乗客が寝転んでいるシーンでは照明のランプが天井からぶら下がっており、これは撮影用にセットしたのかもしれない。この映画から得た古典客車の考証は下巻を参照頂きたい。

映画「牛づれ超特急」主役のボールドウィン。ただし、出演したのはこの15号機か、僚機の16号機かは不明である。

1937.5.23　馬橋　P：荒井文治　提供：宮田寛之

モハ105と蒸機時代名残の給
水塔。　　　1960.9.20　流山
　　　　　P：白土貞夫

■1－5　電化開業と流山電気鉄道時代

　戦後は石炭価格が高騰し入手難も続いた。ガソリン
も引き続き統制が続いたため、非電化私鉄の電化が相

電化工事が進む流山駅構内。　　　1949.12頃　提供：流鉄

次ぎ、東武鉄道船橋線（現・野田線）船橋〜柏間も同時
期に電化した。流山鉄道でも接続する常磐線松戸〜取
手間が電化して馬橋駅発着の同線電車の発着も増加
する見込みとなったため、電化の途を選び、1949（昭
和24）年1月14日工事方法変更（電化）申請を行うが、
「申請理由書」[注16)]からその事情を垣間見てみよう。戦
後のことで非常に平易な文章である。
　「（前略）常磐線は本年6月電化され、6輌の大型ボギ
ー編成の電車が20分間隔で運転されることとなりま
すから、松戸の次の馬橋駅から岐るゝ流山鉄道線5.7
粁も少なくとも3〜40分間隔で運転せねば流山町民
の希望は達せられぬので流山町民は流山鉄道電化促進
大会を開いて弊鉄道の電化を促し来って居ります。蒸
気機関車で流山線の運転回数を増すことは乗車率に対
しての石炭消費面及線路損傷面が余りにも多く、馬
鹿々々しいことでありますから、気動車又は電車に拠
る以外方法は無いのであります。気動車に拠ることは
油の面で困難があると思わるゝし、周辺の鉄道全部が
電化している今日であるから、流山線も此の際一気に
電車化して限りある天然燃料の使用を避け、運転回数
を増し得る電車で現在の東京通勤者1千人の輸送の円
滑を期すと共に東京を離るゝこと15粁の近距離であ
る処の住宅好適地（中略）として国民の健康保持に尽く
したいのが流山鉄道電化の理由であります」
　この申請は1949（昭和24）年9月30日認可されて、
2回の増資で資本金を700万円とし、借入金を加えて
予算1,600万円で工事に着手した。当初は大谷口に最
大出力120kW（水銀変流器2台）の変電所を新設、直

流600V送電を行う予定が、工事費縮減のため関係者が参議院議員小野哲（元官選千葉県知事、元運輸省企画局長）を介して関係方面へ運動[注17]の結果、常磐線馬橋駅構内に饋電施設を設けて国鉄から直流1,500V受電が可能となり、他に例をみない変電所のない電化私鉄が誕生し、1949（昭和24）年12月26日電化開業した。

同年6月1日の常磐線電化に遅れること半年余であった。当日の模様を27日付『読売新聞』千葉版は、流山小学校講堂で電化開業式が盛大に挙行されたが、譲受予定の1輌が到着せず、2輌の電車で営業を開始したとも報じている。直後の1951（昭和26）年11月28日社名を「流山電気鉄道」と改めた。

電化による利便性の向上は、沿線の住宅化を促進し、それに伴う乗客の増加が一層進むと単行の電車は常時2輌、朝のラッシュ時には3～4輌編成で走るようになり、さらに途中に交換可能駅がなく、列車増発のネックであったのを1967（昭和42）年4月30日小金城趾駅を移転して同駅に交換施設を設け、大幅な増発を可能とした。

注16）運輸省文書「流山電気鉄道」（国立公文書館所蔵）
注17）山本文男『流山電鉄78年　ぬくもりの香る町と人の物語』p49～50（1994年・流山新聞社）

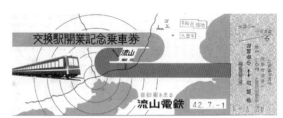

交換駅開業記念乗車券。　　　　　　　　所蔵：白土貞夫

謹啓寒氣凛烈の候益々御清穏の事御喜び申上げます
陳者特別な御尽力を賜りました流山鐵道（流山―馬橋間）電化工事が完成致しましたので之れが開通式を来る十二月二十六日午前十一時より流山小學校講堂に於て挙行致すこと、なりました
歳末の折公私御多端とは存じますが御参列の栄を賜り度く御案内申上げます

昭和二十四年十二月二十一日

流山鐵道株式會社長　村田三郎
流山町長　中村寛次

殿

追而　御来場の際は本状を受付へ御提示下されたし

電化開業式招待状。　　　　　　　提供：流鉄

昭和46年当時の小金城趾駅。まだ橋上駅とはならず、流山方の構内踏切を渡り画面手前左側の駅舎で乗降していた。

1971.4.10　P：宮松慶夫

14

クハ51ほかの3輌編成が到着した馬橋駅ホーム。常磐線下り電車への乗換を急ぐ通勤通学の人たちの朝の雑踏。　　　1960年頃　提供：流鉄

■1−6　沿線の発展と流山電鉄、総武流山電鉄時代

1967（昭和42）年5月30日社名を「流山電鉄」と改称するが、2年後の1969（昭和44）年度には乗客数は3,674千人に達して一日平均10,065人と遂に1万人を超えた。同年度には貨物輸送も前年度の4.3倍となる43千トンと急増して以後4年間持続する。これは国鉄武蔵野線建設のため資材搬入用の日本建設公団専用貨物線が馬橋起点1.66km地点から分岐して設けら

昭和47年の幸谷−小金城趾間。画面奥に見えるのは、建設中の武蔵野線（常磐線下り方への連絡線）の築堤。電車右側の左カーブする線路が武蔵野線建設のため貨物側線で、画面左側には無蓋車3輌が見える。ビル、マンションの林立する今の幸谷駅・新松戸駅付近の状況からは想像もできない長閑な風景である。
　　　1972.5.28　幸谷−小金城趾　P：古村　誠

常磐線複々線化工事に伴う馬橋駅ホーム移設工事中の状況。
1971.4.10　P：宮松慶夫

れ、同年11月～1972（昭和47）年11月の間使用した
ことによる一時的なもので、資材輸送終了5年後の
1977（昭和52）年4月1日付で貨物営業を廃止した。

　また、当線の起点である常磐線馬橋駅では、開業以
来、常磐線下りホームを共用して、その片面に発着し
ていたが、常磐線複々線化工事の進捗に伴い1971（昭
和46）年5月26日に北側に移設して専用ホームでの発
着を開始した。複々線化完成によって1973（昭和48）
年4月1日、武蔵野線開通と同時に常磐線の交差地点

に新松戸駅が開業すると、同駅前に在る幸谷駅での乗
換客が激増して流山電鉄にかなりの影響を与えた。つ
まり、従来は常磐線へは馬橋駅での乗換が、新松戸駅
で乗換可能となった結果、乗客数全体には、大きな変
化は生じなくても乗車区間短縮による馬橋－幸谷間
の運賃収入減を招いたのである。しかし、乗客数が
1980（昭和55）年度4,308千人、1985（昭和60）年度4,673
千人、1990（平成2）年度5,626千人と激増していた時
期なので収入面も好調であり、大きな痛手とはならな
かった。その後も乗客数は増加を続け1993（平成5）
年度には6,107千人、一日平均16,732人を算し、これ
が旅客輸送のピークとなるが、車輌も対応して、電化
以来の雑多な小型電車に代えて、1978（昭和53）年以
降は西武鉄道から譲り受けの2～3輌固定編成大型電
車に置き換えて近代化を図った。同時に編成毎に塗色
を変更し、愛称を付ける試みが導入されて現在まで続
いている。

　施設面では西平井変電所を1990（平成2）年2月に
新設して、電化開業以来のJRからの受電を取りやめ
た。この間に社名は「総武流山電鉄」と、1971（昭和
46）年1月20日五度目の改称を行うが、近年の度々の
社名変更は経営主体の変化が関わっている。

◀1978年に投入された旧西
武501系のクモハ1201＋サ
ハ61＋クモハ1202「流星」。
これ以降、各編成に愛称が冠
されるようになった。
1983.1.15　幸谷－小金城趾
P：大庭幸雄

▼流山駅に停車中の開業70周
年記念ヘッドマーク付の「なの
花」編成（左）と平和台駅のデコ
レーション。
1986.3.16　P：大庭幸雄
（2枚とも）

■1－7　流鉄の現状と首都圏新都市鉄道開通の影響

　当初は常磐新線の名で計画された首都圏新都市鉄道（通称つくばエクスプレス）は2005（平成17）年8月24日秋葉原～つくば間が一挙に開通するが、常磐線に接続する既存の鉄道に与えた影響は多大であった。赤字補てんの原資を親会社の関東鉄道高速バス筑波線の収入に依存していた鹿島鉄道は廃止され、関東鉄道常総線は乗客の流れが変わり、交差する守谷を中心としたダイヤ改正を余儀なくされるとともに乗客の乗車区間短縮によって、大きな収入減を招くことになる。

　2008（平成20）年8月1日に「流鉄」と社名変更し、線名を「流山線」とした当鉄道は首都圏新都市鉄道と鰭ヶ崎－平和台間で交差するが、同鉄道が地下に潜り通過するため、車窓からの展望はできない。とくに乗換駅は設けていないが、鰭ヶ崎駅と南流山駅は0.9km、流山駅と流山セントラルパーク駅とは1.3kmと相互に比較的近接しているため、東京都心まで乗換なしで短時間に到達できる、便利なつくばエクスプレスへの利用者の転移が目立ち、乗客の著しい減少が見られた。

　すなわち、2004（平成16）年度5,015千人の乗客数が2006（平成18）年度には3,494千人と30％減を示し、とくに流山駅では一日平均3,701人の乗客数が1,785人と約半減して大幅な減少となった。このため朝ラッシュ

新松戸駅前の踏切を通過する「若葉」（Ⅲ）。画面奥の白い高架が武蔵野線ホーム。　　　　2018.6.7　馬橋－幸谷　P：白土貞夫

時の3輌編成上り列車は、以前は流山駅で座席が埋まり、幸谷駅到着時は立錐の余地のないほどの超満員であったというが、現状では幸谷駅到着の際は立席が多少目立つ程度という。流鉄では対策の一環として全車輌を2輌固定編成に置換えるとともに2006（平成18）年5月17日から昼間帯のワンマン運転を実施、続いて2010（平成22）年1月23日からは全面ワンマン化するとともに1990（平成2）年11月18日改正以来、18年7ヶ月間変更のなかったダイヤを2009（平成21）年6月21日改正して平日並みであった土曜日を休日ダイヤとするなど見直しを進めている。

流山駅に到着するクモハ5004＋クモハ5104「若葉」（Ⅲ）。右側の二階建ての白い建物が流鉄本社社屋。2011年に「若葉」（Ⅱ）が引退して以降は全車輌が2輌固定編成となった。
　　　　　　　　　　　　　　　　　　　　　　　　　　2017.11.11　流山　P：白土貞夫

■流鉄　輸送量・営業状況・車輌数表

年度	輸送量 旅客(人)	輸送量 貨物(t)	営業状況(円) 営業収入	営業状況(円) 営業支出	営業状況(円) 営業損益	車輌数 機関車	車輌数 客車	車輌数 内燃動車	車輌数 電車※1	車輌数 有蓋貨車	車輌数 無蓋貨車	備考
1916(大5)	50,769	628	4,817	6,222	▲1,405	2	2			1	1	軌間762mmで開業
1917	71,847	1,264	7,034	12,686	▲5,652	2	2			1	1	
1918	81,483	1,898	9,859	12,093	▲2,234	2	2			1	1	
1919	92,577	2,367	13,364	14,120	▲756	2	2			1	1	
1920	98,783	2,171	17,105	20,957	▲3,852	2	2			1	1	
1921	99,571	2,232	17,876	19,899	▲2,023	2	2			1	1	
1922	114,160	2,638	21,024	22,212	▲1,188	2	2			1	1	
1923	129,607	7,750	26,910	25,972	938	2	2			1	1	
1924	139,879	6,217	33,539	30,585	2,954	2	3			2		軌間拡幅(改軌)
1925	158,016	8,638	28,374	35,130	▲6,756	2	3			2		流山糧秣廠開設
1926(昭元)	141,008	22,829	40,641	33,854	6,787	2	3			2	2	
1927	112,247	21,812	36,746	32,080	4,666	2	3			2		
1928	104,806	13,721	27,050	26,185	865	2	3			2	2	
1929	95,566	20,958	30,531	24,885	5,646	2	3			2		
1930	91,701	17,018	23,839	23,299	540	2	3			2	2	
1931	74,231	13,797	19,075	18,767	308	2	3			2	2	
1932	59,133	17,127	19,926	20,013	▲87	2	3			2	2	
1933	79,525	16,168	21,133	18,811	2,322	2	3	1		2		
1934	88,556	19,393	23,622	20,490	3,132	2	3	2		2	2	旅客列車全面内燃化
1935	87,114	19,035	22,869	20,566	2,303	2	3	2		2		
1936(昭11)	150,744	20,072	27,014	24,300	2,714	2	3	2		1	2	
1937	147,638	35,977	32,699	25,352	7,347	2		2		1	2	
1938	160,390	37,172	35,432	33,647	1,785	3		2		1	2	
1939	236,108	37,994	46,180	38,974	7,206	2		2		1		
1940	344,785	67,478	63,947	65,097	▲1,150	2		2		1		
1941	409,270	84,194	78,674	70,899	7,775	2		2		1		
1942	482,229	90,330	98,932	84,176	14,756	2		2		1		貨物輸送量最高年度
1943※2	592,525	67,515				2		2		2		
1944※2	844,946	65,680	132,980	120,727	12,253							
1945※2	1,099,900	87,531	206,521	182,664	23,857							終戦
1946(昭21)	1,040,696	59,507	484,434	508,352	▲23,918	2	※31	2		2		
1947	992,221	36,788	1,413,913	1,427,676	▲13,763	2	1	2		2		
1948	852,752	40,327	5,654,040	5,649,200	4,840	2	1	2				
1949	956,068	76,105	13,612,537	14,224,689	612,152	2	1	1	3	2	2	電化開業
1950	1,068,566	29,644	12,304,500	10,623,520	1,680,980	2		2	3	1	1	
1951	1,197,130	43,824	14,535,961	15,570,251	▲1,034,290	1	1	1	3	2	1	
1952※4	1,216,027	39,311										
1953	1,341,682	37,320	19,267,716	20,975,277	▲1,707,561	※52	1	1	3	2		
1954	1,368,957	43,604	21,002,710	20,787,281	215,429	※52	1	1	3	2	1	
1955※6	1,413,000	37,793	20,345,000	21,636,000	▲1,291,000	1	2		4	3		
1956(昭31)	1,457,000	32,054	20,152,000	17,922,000	2,230,000	1	1	1	4	3		
1957	1,521,000	34,139	23,488,000	22,191,000	1,297,000	1	1	1	4	4		
1958	1,529,000	29,238	23,361,000	22,917,000	444,000	1	1	1	4	4		
1959	1,648,000	27,579	24,354,000	27,136,000	▲2,782,000	1	2		5	5		
1960	1,788,000	25,127	25,092,000	25,171,000	▲79,000	1	2		5	5		
1961	1,941,000	27,155	27,874,000	28,538,000	▲664,000	1	2		5	5		
1962	2,077,000	23,613	34,059,000	34,444,000	▲385,000	1	2		5	5		
1963	2,374,000	33,241	36,170,000	35,996,000	174,000	1			7	5		
1964	2,452,000	20,151	37,100,000	36,299,000	801,000	1			7	4		
1965	2,755,000	10,986	41,670,000	39,669,000	2,001,000	1			7	3		
1966(昭41)	3,139,000	5,046	47,898,000	45,236,000	2,662,000	1			7	3	1	
1967	3,435,000	5,399	58,472,000	62,921,000	▲4,449,000	1			7	3	1	
1968	3,623,000	9,948	63,293,000	78,465,000	▲15,172,000	※73			8	3	1	
1969	3,674,000	42,580	85,055,000	78,541,000	6,514,000	3			9	3	1	
1970	3,881,000	40,311	87,401,000	91,108,000	▲3,707,000	3			9	3	1	
1971	3,990,000	37,113	104,795,000	121,113,000	▲16,318,000	3			9	3	1	
1972	3,996,000	36,951	111,739,000	133,466,000	▲21,727,000	1			9	3	1	
1973	3,931,000	1,637	122,540,000	143,005,000	▲20,465,000	1			9	3	1	武蔵野線開業
1974	4,080,000	1,343	156,654,000	153,078,000	3,576,000	1			9	3	1	
1975	3,643,000	940	215,698,000	237,299,000	▲21,601,000	1			11	3	1	
1976(昭51)	4,012,000	1,320	273,522,000	282,601,000	▲9,079,000	1			11	3	1	
1977	4,239,000	367	337,668,000	316,436,000	21,232,000	1			11	3	1	貨物営業廃止
1978	4,313,000		347,009,000	361,806,000	▲14,797,000				12	1		
1979	4,233,000		381,083,000	387,024,000	▲576,000				12	1		
1980	4,308,000		403,295,000	414,809,000	▲11,516,000				15	1		
1981	4,272,000		415,299,000	426,397,000	▲11,098,000				15	1		

年度	輸送量		営業状況（円）			車輌数						備考
	旅客（人）	貨物（t）	営業収入	営業支出	営業損益	機関車	客車	内燃動車	電車※1	有蓋貨車	無蓋貨車	
1982	4,302,000		445,059,000	450,234,000	▲5,175,000				15	1		
1983	4,495,000		473,076,000	480,832,000	▲7,756,000				15	1		
1984	4,589,000		498,321,000	473,496,000	24,825,000				17			
1985	4,673,000		506,052,000	504,554,000	1,498,000				17	1		
1986（昭61）	4,887,000		525,710,000	496,307,000	29,403,000				17	1		
1987	5,078,000		544,722,000	543,337,000	1,385,000				17			
1988	5,333,000		565,794,000	536,875,000	34,281,000				17			
1989（平元）	5,610,000		597,386,000	565,939,000	31,447,000				17			
1990	5,626,000		620,370,000	587,969,000	32,401,000				17			
1991	5,757,000		641,204,000	603,658,000	37,546,000				17			
1992	5,841,000		650,498,000	616,142,000	34,356,000				17			
1993	6,107,000		688,214,000	640,206,000	48,008,000				17			乗客数最高年度
1994	5,991,000		675,541,000	637,962,000	37,579,000				18			
1995	5,886,000		666,599,000	639,705,000	26,894,000				18			
1996	5,799,000		661,271,000	624,824,000	36,447,000				18			
1997	5,666,000		649,682,000	612,409,000	37,273,000				18			
1998	5,607,000		647,424,000	615,660,000	31,764,000				18			
1999（平11）	5,435,000		630,282,000	623,768,000	6,514,000				18			
2000	5,328,000		623,142,000	589,588,000	33,554,000				18			
2001	5,300,000		622,392,000	564,160,000	58,232,000				16			
2002	5,224,000		610,941,000	540,479,000	70,462,000				16			
2003	5,183,000		609,397,000	577,676,000	31,721,000				16			
2004	5,015,000		591,606,000	603,543,000	▲11,837,000				16			
2005	4,197,000		492,126,000	568,405,000	▲76,279,000				16			つくばエクスプレス開業
2006	3,494,000		410,915,000	514,892,000	▲103,977,000				16			
2007	3,278,000		386,103,000	504,359,000	▲118,256,000				13			
2008	3,165,000		370,662,000	500,362,000	▲129,700,000				13			
2009（平21）	2,991,000		350,545,000	442,002,000	▲91,457,000				12			
2010	2,885,000		339,601,000	410,074,000	▲70,473,000				11			
2011	2,821,000		333,431,000	405,798,000	▲72,367,000				10			
2012	2,825,000		333,565,000	404,410,000	▲70,845,000				10			
2013	2,852,000		334,960,000	400,632,000	▲65,672,000				10			
2014	2,786,000		323,986,000	391,299,000	▲67,313,000				10			
2015（平27）	2,839,000		330,937,000	381,526,000	▲50,589,000				10			

出典 ：各年度『鉄道統計資料』『私鉄統計年報』『鉄道統計年報』
※1　制御電動客車（クモハ）のほか、電動客車（モハ）、制御客車（クハ）、付随客車（サハ、内燃動車改造を除く）を含めた合計輌数である。
※2　1943～1945年度の空欄は戦争による資料の入手不能のため、原表に記載がない。
※3　1946～1949年度の輌数1輌は国鉄借入車輌と思われる。
※4　この年度のみ所蔵先に原表がなく他資料を用いた。
※5　蒸気機関車、内燃機関車の合計輌数である。1955年度以降は内燃機関車のみの輌数である。
※6　1955年度以降、原表記載の数値が貨物輸送量を除き、千単位となった。
※7　1968～1971年度の輌数3輌のうち、2輌は日本鉄道建設公団からの借入車輌と思われるが詳細不明。

馬橋駅に常駐して貨車入換に
従事したDB1と小さな車庫。
1978.3　P：関田克孝

乗降客で賑わう鰭ヶ崎駅。乗客急増により列車編成が伸び、急造の木造ホームで対応している様子が見てとれる。右側に見える井戸の手押式ポンプが今ではレトロな添景となった。

1972.5.28　P：古村　誠

複々線化後の馬橋駅常磐線ホームから流鉄ホームを見る。モハ1001＋クハ52の傍らを常磐線快速の103系電車が通過する。常磐線の複々線化によってホームは流鉄専用のものとなった。

1975.2.23　P：白土貞夫

2. 施設・運行

■2−1　施設の概要

施設の現況は営業キロ程5.7km、軌間1,067mm、全線単線であり、最急勾配は小金城趾−鰭ヶ崎間の10‰、最小曲線半径は鰭ヶ崎−平和台間の300mである。線路は馬橋、流山駅構内の一部に37kg/mが使用されているほかは、全線50Nを用いている。隧道はなく、橋梁は坂川橋梁1ヶ所（径間46.7m、支間22.5m×2）が主なもので、駅数は6ヶ所、全駅に駅員が配置されており無人駅はない。馬橋、小金城趾、流山が交

換可能である。

まだ戦前、戦中の姿が色濃く残っていた電化直後の報告[注18]では「中間駅の大谷口等はホームの中程に一軒の家があり、電車を待つ乗客がその家の縁側に腰掛けて電車が来ると立ち上がってホームに上って来るし、ホームに面した障子には時間表、定期券購入について云々の張り紙がある」と描写している。大谷口駅舎には障子や縁側があったことは映画「牛づれ超特急」のワンシーンでも確認できる。

保安方式は単線自動閉塞式で、1982(昭和57)年12月1日以前は通票式であったが、1967(昭和42)年12

■流鉄駅名一覧

○印は交換可能駅

駅　名	標準勾配(‰)	粁程(km) 区間	粁程(km) 累計	開業年月日	所在地	一日平均乗車人員(人・年度) ※1 2015	1993	1936	1917	摘　要
○馬橋（まばし）		0.0	0.0	1916年3月14日	松戸市馬橋西之下181	1,451	3,879	117	101	JR線連絡駅
幸谷（こうや）	0.5	1.7	1.7	1961年2月3日	松戸市新松戸1-441	2,246	3,731	…		開業時は馬橋起点1.4km 1982年1月10日現位置へ移転
大谷口（おおやぐち）	…	…	2.2	1916年3月14日	小金町(現・松戸市)大谷口			13	8	1953年12月24日廃止
○小金城趾（こがねじょうし）	0.6	1.1	2.8	1953年12月24日	松戸市大金平4-212-2	737	1,013			開業時は馬橋起点2.5km 1967年4月30日現位置へ移転 同日、交換可能駅となる。
鰭ヶ崎（ひれがさき）	0.1	0.8	3.6	1916年3月14日	流山市鰭ヶ崎宮後1438-3	630	2,145	52	9	
平和台（へいわだい）	2.2	1.5	5.1	1933年4月1日	流山市流山4-483	1,227	1,163	22	…	開業時駅名は赤城 ※2 1965年6月26日赤城台に改称 1974年10月1日現駅名に改称
○流山（ながれやま）	2.3	0.6	5.7	1916年3月14日	流山市流山1-264	1,467	4,071	157	74	車庫所在地 ※3

※1　1917年度は開業翌年度、1936年度は戦前の数値掲載最終年度、1993年度は乗客輸送量の最大年度、2015年度は発表されている最近値である。
　　 出典は『千葉県統計書』各年度による（戦前は年度合計数値のため365で除した数値である）および会社資料（2015年度に限る）による。
※2　赤城分岐貨物専用側線　東邦酒類（旧流山糧林廠）線0.8km、1924年12月25日完成、休廃止年月日不明
※3　流山駅分岐貨物専用側線　キッコーマン（旧万上味醂）線0.4km、1929年3月3日開通、1969年11月撤去

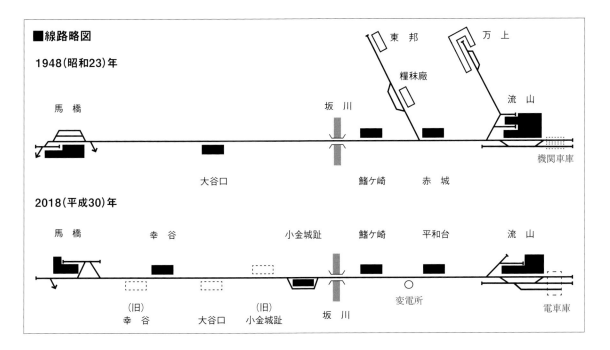

■線路略図

1948(昭和23)年

馬 橋　　　　　　　　　　　　　　　東 邦　　万 上
　　　　　　　　　　　　　　　　糧秣廠
　　　　　　　　　　　坂 川　　　　　　　　　　流 山
　　　　　　　　大谷口　　　　　鰭ヶ崎　赤 城
　　　　　　　　　　　　　　　　　　　　　　機関車庫

2018(平成30)年

馬 橋　　　　幸 谷　　　　小金城趾　鰭ヶ崎　平和台　　　流 山
　　　　　　　　　　　　　　　　　　　　変電所
　　　　(旧)　　　　　(旧)　　坂 川　　　　　　　　　電車庫
　　　　幸 谷　大谷口　小金城趾

月１日小金城趾駅での列車交換開始以前は票券式であ
った。また平和台駅分岐の東邦酒類(旧・糧秣廠)専用
側線0.8kmが機能していた時代には馬橋～平和台間、
平和台～流山間の２閉塞区間に分かれていた。キッコ
ーマン醤油(←野田醤油)専用側線0.4kmは流山駅構内
扱いであった。
　吊架方式はシンプルカテナリー、変電所は鰭ヶ崎－
平和台間線路際(馬橋起点4.1km地点)にあり、半導体
整流器２台×3.000kWの設備を有している。

注18) K生「流山鉄道」『TIGHTCOUPLAR』48号p32(京都鉄道趣味同好
　　　会・1952年)

流鉄唯一の橋梁である坂川橋梁。全長46.7m。河川改修により
1982年に架替えられた。電車は「流馬」(Ⅲ)。
　　　　　　　　　　　2017.6.20　小金城趾－鰭ヶ崎　Ｐ：白土貞夫

野田醤油流山工場内専用側線
(万上線)。画面左奥が流山駅
への線路の出入り口。
1940年頃　提供：キッコーマ
ン国際食文化センター

馬橋駅

サハ31（旧キハ31）がポツンと停まる馬橋駅寸描。　　　　　　　　　　1960年頃　提供：流鉄

▲「のりかえ」案内板。
　　　1961.4.16　Ｐ：荻原二郎

◀流山鉄道と共同使用していた常磐線
馬橋駅。　1958.9.2　Ｐ：宮松金次郎

▲長い常磐線ホームの片側に
短編成の流鉄電車が停車する
ため、乗客を誘導する案内板。
1961.4.16　P：荻原二郎

▶馬橋駅ホームに停車するモ
ハ103。　　　提供：流鉄

◀電車の車体側面に「流山電
車」と大書きしてあった電化当
初の時代の馬橋駅ホーム。ま
だ上屋もない。
1955年頃　提供：流鉄

幸谷駅

現在の位置よりも約0.3km馬橋方にあった(旧)幸谷駅。周囲に人家は見当たらず、長閑な風景の彼方に常磐線電車が走行中。

1966.2.20　P：荻原二郎

(旧)幸谷駅とクハ51。現在は乗降客数が流鉄最大の当駅も、移転前のこの頃は閑散な無人駅であった。

1966.2.20　P：荻原二郎

簡素な駅舎の(旧)小金城趾駅の乗降風景。移転前は幸谷と同じく現在の位置より約0.3km馬橋方に位置した。　1960年頃　提供：流鉄

小金城趾駅

◀(旧)小金城趾駅。雑貨屋と間違えそうな看板が面白い。
　　　1960年頃　提供：流鉄

▼(左)馬橋行のモハ103が停車中。ホームにもようやく上屋が出来た頃。
　　　1966.2.20　P：荻原二郎

▼(右)移転後の小金城趾駅。移転当初、流山方に構内踏切と駅舎を設けたが、この写真の頃には後方のマンション2階へ改札口が移転し、跨線橋が出来ている。
　　　1975.2.23　P：白土貞夫

鰭ヶ崎駅

▲（左）鰭ヶ崎駅ホーム。駅周辺は見渡す限りの田園風景で何もない。上り方向の眺め。
1960年頃　提供：流鉄

▲（右）駅舎ホーム側の側面。
1966.2.20　P：荻原二郎

◀ホーム横の下駄箱は、自宅から泥濘の未舗装道路を歩いて来た通勤客がここで靴を履き替えて都心へ向かうために備え付けられていた。
1975.2.23　P：白土貞夫

農村風景を色濃く残していた鰭ヶ崎駅周辺。下り方向を望む。
1960年頃　提供：流鉄

赤城台駅の時代のホーム。 1966.2.20 P：荻原二郎

赤城駅
（現・平和台駅）

◀赤城駅は今も昔もホーム１本、線路１本の棒線構造で列車交換はできない。しかし、糧秣廠（東邦酒類）専用線が分岐していた時代には当駅で通票交換していた。
1960年頃 提供：流鉄

▼（左）赤城駅の駅名板。
1960年頃 提供：流鉄

▼（右）赤城台駅時代の駅舎。
1966.2.20 P：荻原二郎

流山駅構内。右側にモハ105＋クハ51が留置されている。無蓋貨車が停車中の線路が現在は2番線となる。　　　1960年頃　提供：流鉄

流山駅

◀流山車庫全景。
　　1975.2.23　P：白土貞夫

▼（左）流山駅貨物ホーム。
　　1960年頃　提供：流鉄

▼（右）流山駅。古くから増改築を重ねている二代目駅舎は「関東の駅百選」に選ばれている。
　　1965.11.28　P：荻原二郎

流山車庫。蒸機時代からの木造二棟二線の検修庫は、この翌年に一棟三線式の現在の建屋に代わっている。　　　　1979.3.9　P：名取紀之

column すべて実現しなかった新線延長計画

　開業以来100年余、流鉄の路線は馬橋〜流山間5.7kmで全く変わらないが、路線延長を企てたことは何度かあった。最初の計画は1913（大正2）年12月13日付出願の馬橋駅〜中山駅（現・下総中山駅）間約12.5kmおよび流山町〜関宿町間約33.6kmに、軌間1,067mmの蒸気鉄道を敷設する企てであったが、当時まだ出願中の馬橋〜流山間路線の762mm軌間と相違し、直通運転不能など計画自体が杜撰との理由で1914（大正3）年7月1日却下された。

　続いて、1923（大正12）年5月21日付で流山〜関宿間約33.6km間に1,067mm軌間の蒸気鉄道敷設免許申請を再び提出するが、これも聞届け難しと却下された。さらに1926（大正15）年10月5日付で馬橋駅〜松戸町〜八幡町〜東京市深川区間（設置予定駅、馬橋・谷前・東松戸・国府台・江戸川・行徳・瑞江・向浦安・葛西・砂町・深川）約23.1kmに1,067mm軌間の電気鉄道建設を出願するが、1928（昭和3）年5月11日付、馬橋〜中山間約12.6kmに短縮変更申請している。大正後期の流山鉄道は経営陣の主導権争いが熾烈を極め、勝者となった東京派重役のなかには虚業家と称される人たちも多く含まれていたから、新線建設を名目にした単なる資金集めの手段であった可能性も強い。これに対して千葉

県知事も1927（昭和2）年8月6日付「大正十五年上半期ニ於テハ繰越欠損七万円ニ達シ、営業状態順調ナラス。従テ地方民ノ信用著シキモノアルト認メス」と調査結果を報告する有様で、結局は1930（昭和5）年11月5日却下された。

　戦後はさらに大規模な計画が立ち上げられ、先ず1952（昭和27）年2月12日付で野田〜流山〜市川間（設置予定駅、野田・大和田・西運河・新川・西初石・三輪野山・流山〜（既設駅に同じ）〜馬橋・競輪前・松戸・上矢切・下矢切・国府台・根本・市川）21.4km、うち馬橋〜市川間が複線、他区間は単線の電気鉄道建設の免許申請を行うが、1960（昭和35）年10月31日付で取り下げ、改めて同日付で流山〜野田市間12.4kmおよび野田市〜関宿町〜埼玉県境町〜栃木県小山市間44.2km建設を出願した。この計画は社名を東日本電鉄と改め、「電動客車25輛、制御客車12輛、電気機関車3輛、貨車5輛」によって、運行するという壮大なプランであったが、経営陣の交代もあって頓挫し、1963（昭和38）年8月までに二回に亘って申請を取り下げて終わった。その後も流山〜江戸川台間約4km延長が検討されるが、これも具体化せずに終わった（距離に「約」を付してあるのは書類上の哩程を粁程に換算したものである）。

■2－2　運行と運賃の変遷

開業当初の運行状況は、流山発６時00分の初発から馬橋20時40分発の終発まで８往復、所要は流山から鰭ヶ崎まで７分、大谷口まで13分、馬橋まで20分、運賃は流山から鰭ヶ崎まで並等４銭、特等６銭、大谷口まで並等６銭、特等９銭、馬橋まで並等10銭、特等15銭である[注19]。

1919(大正８)年10月１日改正のダイヤでは、初発が流山５時40分発、終発は馬橋20時25分発、所要20分、９往復に改められ、運賃は流山から鰭ヶ崎まで並等７銭、特等13銭、大谷口まで並等11銭、特等20銭、馬橋まで並等18銭、特等32銭に値上している。同時期の馬橋発着の常磐線列車は14往復、隣接の野田線の柏発着列車は５往復であった。

軽便時代最後の1922(大正11)年７月26日改正の時刻表では、流山５時30分発、馬橋６時00分発の初発列車は運休、したがって流山６時38分発初発と馬橋19時50分発終発の間に８往復が走り、所要時間は20

1

○馬橋流山間（大正五年三月十四日開業）流山輕便鐵道

2

○馬橋流山間（大正五年九月十五日改正）流山輕便鐵道

5

○馬橋流山間（大正六年十一月改正）流山輕便鐵道

6

○馬橋流山間（大正六年十一月改正）流山輕便鐵道

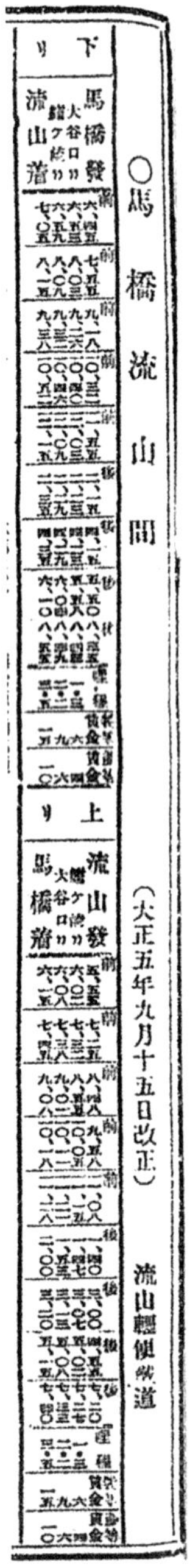

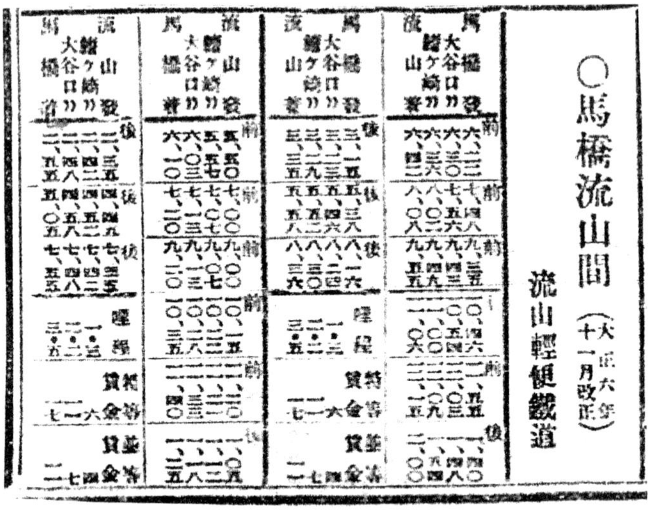

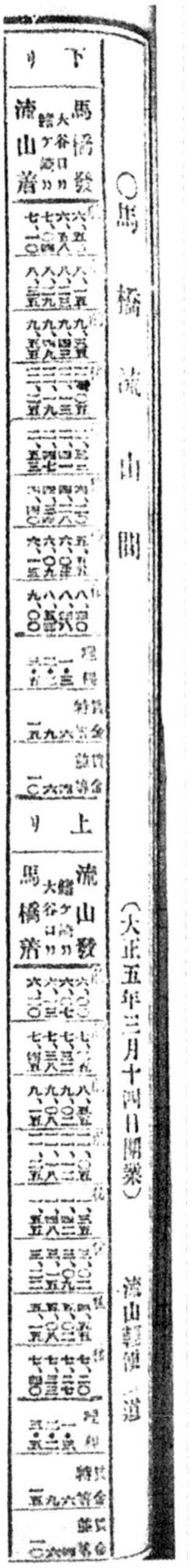

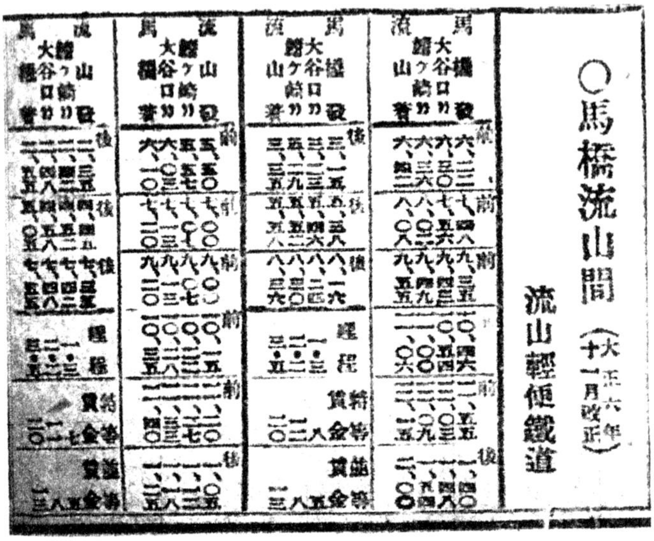

1：『公認汽車汽船案内』第263号(1916年８月　旅行案内社)より　2：同第266号(1916年11月)　5：同第285号(1918年６月)　6：同第291号(1918年12月)　7：同第301号(1919年10月)　8：同第311号(1920年８月)　11：『列車時刻表』(1923年７月　鉄道省運輸局)

提供：三宅俊彦

分で変わらず、運賃も全線並等18銭、特等32銭で変更がない。

改軌直後の1926(昭和元)年８月現行ダイヤでは10往復を設定している。初発と終発が運休で、実際は流山６時35分発から馬橋19時51分発の終発まで８往復で本数変更はないが、所要時間は流山から鰭ヶ崎６分、大谷口10分、馬橋15分にスピードアップ、馬橋発着の常磐線列車も同時期には19往復に増発している。運賃は並等で流山から鰭ヶ崎６銭、大谷口11銭、馬橋18銭である。

内燃動車投入時の1933(昭和８)年４月５日ダイヤ改正では、赤城駅新設による停車時間の増加はあるが、所要時間は流山から赤城まで２分、鰭ヶ崎５分、大谷口９分、馬橋13分にスピードアップしている。ただ時刻表掲載は17往復だが、別掲『鐵道趣味』記事の４回の蒸気機関車による貨物列車が混合列車として、この本数に含まれているのか、別に単独設定なのかは不明である。これが戦前の最速、最高本数であ

7

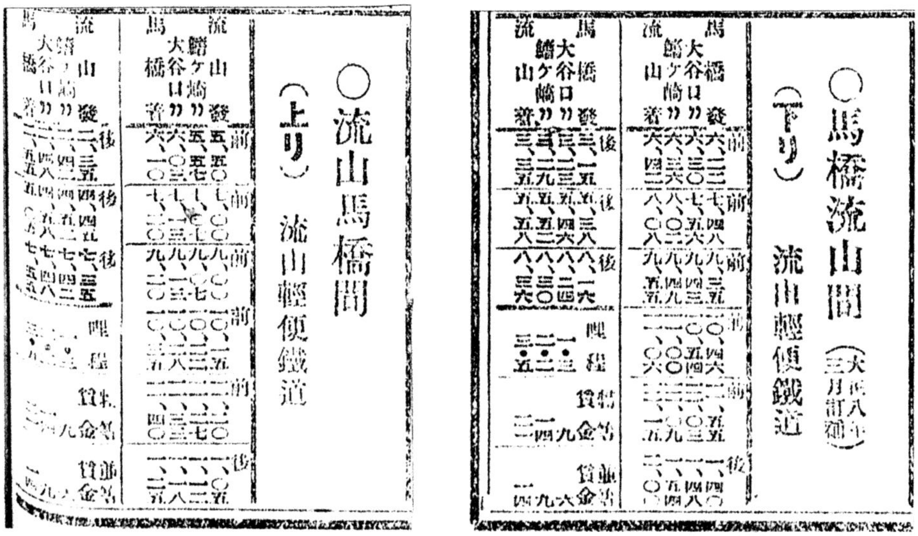

○流山馬橋間
(上リ)
流山輕便鐵道
○馬橋流山間
(下リ)
流山輕便鐵道
(大正八年三月訂補)

8

○流山馬橋間
大正八年十月一日改正
(上リ)
流山輕便鐵道
○馬橋流山間
大正八年十月一日改正
(下リ)
流山輕便鐵道
(大正八年三月訂補)

11

大正十一年七月二十六日改正　　馬橋・流山間　　特、並等車

(流山輕便線道線)

					流山行									驛名	哩程	運賃 並等	運賃 特等	馬橋行													
					X													X													
…	…	…	…	…	6.00	7.40	10.00	11.44	1.20	4.00	5.27	6.42	8.45	發 99,100 馬橋 着	0.0	銭	銭	5.50	6.58	9.30	11.20	1.00	3.00	4.50	6.30	7.32	…	…	…	…	…
…	…	…	…	…	6.08	7.48	10.08	11.52	1.28	4.08	5.35	6.50	8.53	〃 大谷口 發	1.3	7	13	5.43	6.51	9.23	11.13	12.53	2.53	4.43	6.23	7.25	…	…	…	…	…
…	…	…	…	…	6.14	7.54	10.14	11.58	1.34	4.14	5.41	6.56	8.59	〃 鰭ケ崎 〃	2.2	11	20	5.37	6.45	9.17	11.07	12.47	2.47	4.37	6.17	7.18	…	…	…	…	…
…	…	…	…	…	6.20	8.00	10.20	12.04	1.40	4.20	5.47	7.02	9.05	着 流山 〃	3.5	18	32	5.30	6.38	9.10	11.00	12.40	2.40	4.30	6.10	7.12	…	…	…	…	…

X印列車ハ毎年四月一日ヨリ九月末日マデ運轉ス

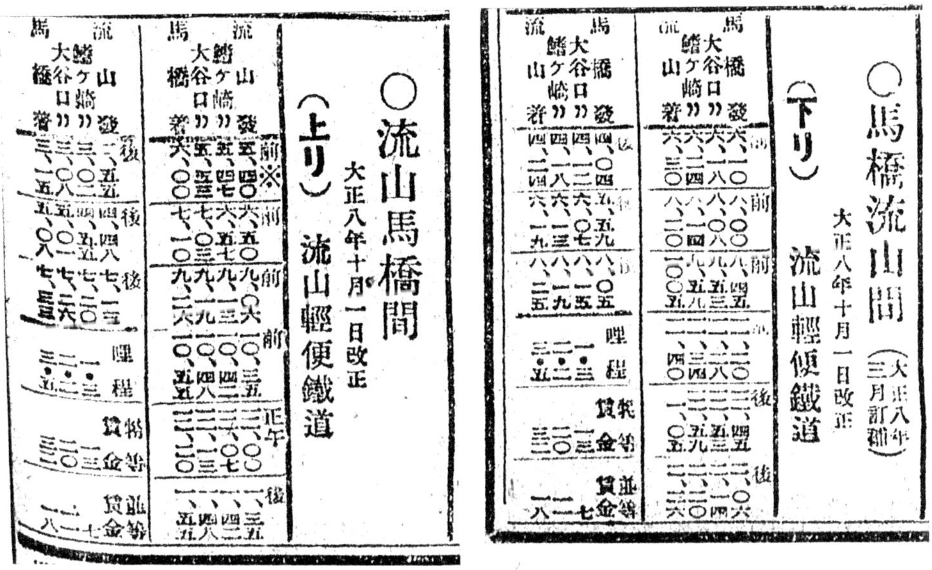

リ、運賃も全線18銭で変わらない。戦争末期の1944（昭和19）年10月11日改正『時刻表』では10往復、所要13分、運賃20銭と記録されている。

戦後の1950（昭和25）年12月26日電化前後の状況は「内燃動車2.5往復、蒸気12.5往復、所要17分が電車22.5往復、蒸気4往復、所要電車14分20秒、蒸気17分40秒となり、電車は線路不良のためシリーズ運転なので十分な電化効果を上げていないが、電力は国鉄に仰いでいるから、一般の電鉄のように割当制ではなく、その苦労がない」[注20]の報告もある。当時は電力不足で一般工場にも休電日があり、家庭では夜間一定時間帯に計画停電があるご時世であった。

1959（昭和34）年11月9日改正ダイヤによると、旅客下り32本、上り30本のほか、混合3往復を設定している。必ずしもピストン運行ではなく、朝夕には同一方向への列車を雁行させて列車間隔を詰めるダイヤで、別に赤城－流山間に混合列車の流山発着の前後に貨物3往復を設定している。これは東邦酒類（旧・糧秣廠）専用側線発着貨車を一旦流山まで運び、折り返して出入させていたことによる。ダイヤには載っていないが、この時期には赤城駅近くの幼稚園児輸送用に流山発定期電車に1輌増結し、赤城で切り離して流山へ戻る運用もあったという。2閉塞のため可能な運用であった。

運転回数の増加を図って小金城趾駅での列車交換を開始した1967（昭和42）年7月1日改正ダイヤでは、それまでの32往復が46往復に増発されて、本数は著し

く増加した。以後は逐次増発されて、1990（平成2）年11月18日改正では平日73往復、休日59往復に増発、平日ダイヤでは最高本数となり、朝ラッシュには馬橋、流山両駅に列車が到着すると、すぐに隣ホーム停車中の列車が発車して、小金城趾で交換する4個列車運用の着発ダイヤが組まれた。現行の2014（平成26）年3月15日改正では、平日72往復、土休日64往復、初発は流山4時55分発、終発は馬橋0時17分発、最短13分間隔で全線の所要11分、運賃は200円である。

注19）『公認汽車汽船旅行案内』263号（旅行案内社・1916年8月）による。以下、大正期の時刻と運賃変遷は三宅俊彦による同書各号からの調査である。なお、『総武流山電鉄70年史』p44（同社・1986年）は開業時運賃を「古老の記憶では流山－馬橋間は12銭であったという」と記述するが、軽便時代に全線運賃12銭であった時期はない。
注20）井上由雄「電化せる流山鉄道」『鉄道電気』3巻6号p24～26（鉄道現業社・1950年）

■流山（軽便）鉄道馬橋～流山間　運賃の変遷

	並等（銭）	特等（銭）	備考			
1916（大正5）年3月14日	10	15	※1	※2	※3	※4
1918（大正7）年3月14日	11	17	※5			
1918（大正7）年3月14日	13	20	※6			
1919（大正8）年3月14日	14	21	※7			
1920（大正9）年3月14日	18	32	※8	※9	※10	※11

※1『公認汽車汽船案内』第263号（1916年8月　旅行案内社）
※2『公認汽車汽船案内』第266号（1916年11月　旅行案内社）
※3『公認汽車汽船案内』第270号（1917年3月　旅行案内社）
※4『公認汽車汽船案内』第276号（1917年9月　旅行案内社）
※5『公認汽車汽船案内』第285号（1918年6月　旅行案内社）
※6『公認汽車汽船案内』第291号（1918年12月　旅行案内社）
※7『公認汽車汽船案内』第301号（1919年10月　旅行案内社）
※8『公認汽車汽船案内』第311号（1920年8月　旅行案内社）
※9『公認汽車汽船案内』第314号（1920年11月　旅行案内社）
※10『公認汽車汽船案内』第323号（1921年8月　旅行案内社）
※11『列車時刻表』（1923年7月　鉄道省運輸局）

ローカル色豊かな混合列車。電化後の貨物輸送はすべて電車牽引のミキスト方式で行われた。最後部は流山ワフ31。
1961.7.30　幸谷付近　P：宮松金次郎

■1959（昭和34）年11月 9 日改正列車運行図表

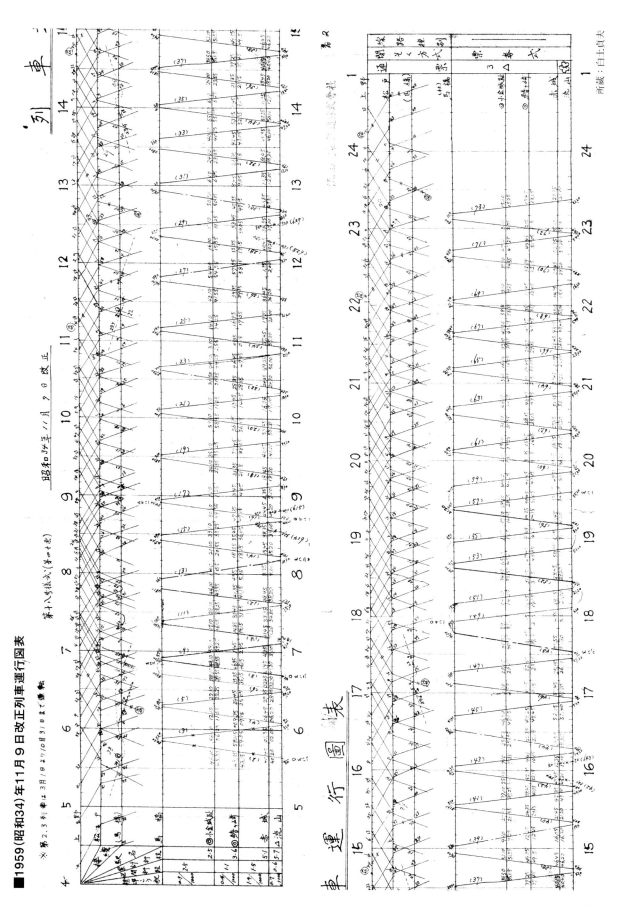

所蔵：白土貞夫

35

column 陸軍糧秣廠流山出張所と二つの専用側線

鉄道や自動車の発達しない時代の陸軍は、戦地での迅速な行動や輸送力を必要とする場合に備えて多くの馬匹を保有し、最盛期には29個の騎兵聯隊が編成されていた。その軍馬の飼料である干草と藁を主に取り扱う陸軍糧秣本廠流山倉庫（終戦時は糧秣本廠流山出張所）が、東京本所から移転、開庁したのは1925（大正14）年7月1日である。周囲に主生産地があり、水陸の便にも恵まれて運搬に便利ということが、設置の理由であった。貨車発着のための専用側線は1924（大正13）年7月17日工事方法変更認可され、おそらく本線改軌工事とともに着工して、改軌工事完成とともに開通、建設資材搬入にも用いられたと思われ、馬橋起点3哩11鎖95節（約4.85km）地点で本線から直接分岐していた。開通当時は赤城（5.15km、現・平和台）駅が未設置のため、鰭ヶ崎－流山間の何もない場所に上り方向からはスイッチバックする形で線路を引き込み、構内はホーム1面と機回し線を設けていた。同ホーム反対側には、別に762mm軌間のトロッコ軌道が敷設さ

旧糧秣廠専用線跡。画面右側の線路と架線柱が本線。前方に分岐点と平和台駅がある。　　　　　　　1979.3.9　P：名取紀之

れて、30,750m²の敷地内に在る21棟の各倉庫、作業場に連絡していた。トロッコ台車の大きさは全長約4,000mm、幅約800mm程度であったという。

当所発着の貨物輸送量は記録がないが、『流山糧秣廠』p30～31（流山市立博物館・1996年）掲載の関係者証言では「1938（昭和13）年頃は国鉄貨車ワムかトム（荷重15トン）を使用して、1車に40kg梱包干草を250個積込み、毎日5～6輌発送した」「1945（昭和20）年頃は出荷増加により、陸軍が燃料配給を保証してガソリンカーを運行し輸送した」「戦後は流山の蒸気機関車が使用された」と述べられており、これにより算定すれば、年間約2万トン程度を発送したことになる。ただし、ガソリン特配による内燃動車の貨物輸送は、かさ張る荷姿の馬糧を狭い車内へ搭載するには限りがあるうえに、国鉄直通ができないため馬橋で再び積換作業を必要とするから、かなり疑問がある。「ガソリン一滴は血の一滴」のスローガンがあったほど、貴重なガソリンは職員通勤時輸送の運用に充てられ、貨物輸送は力の強い蒸気機関車を使用したと推定している。

戦後のダイヤだが、この貨物側線発着の貨物列車は3往復が設定され、上下とも流山駅まで一旦入線した後に、逆方向へ発車するスジを組んでいた。そのため、流山－赤城間を1閉塞区間として、赤城駅上り側には腕木式場内信号機を設けていた。

1942（昭和17）年2月12日の側線増設届によって、糧秣廠構内から江戸川河畔近くの帝国酒精（→東邦酒類）構内へ線路が延伸されて、側線長0.8km（実延長607m）となるが、この部分に機回し線はなく、糧秣廠から先は貨車を先頭にした推進運転をしていたという。

終戦により、糧秣廠も国鉄材修場に変身後に閉鎖され、この側線自体も通称「東邦線」として酒造工場専用側線となるが、いつまで使用されたか定かではない。

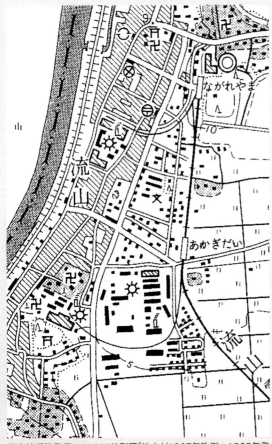

国土地理院発行1/25000地形図「流山」（1967年改測・1968年発行）より転載（200%）。流山からスイッチバックする形で分岐するのが野田醤油流山工場専用線。赤城台から伸びるのが東邦酒類専用線（糧秣廠専用線）である。

道路に沿って南へ伸びる旧糧秣廠専用側線跡。画面右側の高い塀に囲まれた土地が旧糧秣廠の跡地で、正面人家横に線路の出入口がある。線路はそこから西へカーブして進み、旧糧秣廠構内を抜けて道路を越え東邦酒類に至っていた。

1979.3.9　P：名取紀之

1975年版『専用線一覧』の記事欄に「平和台停留所分岐、使用休止」とあるのが、確認できる最後の記録である。

1929（昭和4）年3月3日開通の野田醤油（→キッコーマン）流山工場専用側線は、流山駅構内から分岐する0.4kmである。工場構内は単線行き止まりの両側にホームを設け、手前の構内出入口付近に機回し線を設けていた。この工場では万上印の味醂を醸造していたため、通称「万上線」と呼ばれたが、1969（昭和44）年11月に撤去された。廃線跡はそのまま道路と化して、追跡は可能であり、現在は写真入りの案内説明板が建てられている。

流山伝統のブランドである「万上」の文字が並ぶ野田醤油流山工場専用側線（通称：万上線）の終点付近。　1929年頃
提供：キッコーマン国際食文化センター

3. 車輌

3−1. 軽便時代の車輌

■蒸気機関車
●(旧) 1 号機

　流山軽便鉄道は開業以前のかなり早い時期に、1914 (大正3)年3月16日設計認可で1911(明治44)年コッペル製(製番5044)9.07tC型タンク機関車を入手している。本機はコッペルの代理店オットー・ライメルスが輸入し、大丸組(東京市赤坂区)に納入した5輌(製番5041〜5045)のうちの1輌であり、流山の認可申請書には「番号1号」「本機関車ハ鉄道院品川埋立工事用ニ使用セルヲ大日本軌道会社鉄工部ニ於テ気缶及機械各部ノ検査及修理ヲ為セルモノ」と記載されている。前所有者の記載はないが、大丸組が流山の線路建設工事を全面的に請負い、工事施工認可と設計認可が同一日付であることは、前身が大丸組で間違いない証しとなろう。おそらく流山の建設工事用に持ち込んだ機関車をそのまま引き取ったと思われ、番号も書類に明記してあることを考えれば、認可前後に流山の所有に移

頸城鉄道2(II)。前身は流山軽便鉄道の(旧) 1 号機。流山から営業開始前に頸城鉄道に転じた。現在も百間町に保存されている。
1966.5.12　百間町　P:白土貞夫

ったと考えられる。

　ところが開業直前の1916(大正5)年3月7日付機関車交換願が提出されて、頸城鉄道3号(I)→流山(新) 1 号と交換に同鉄道へ転出している。

　頸城へ去った本機は、以後3(II)→2(II)号の改番[注21]を経て、最後は西武鉄道山口線で「謙信号」として余生を送った。現在はくびき野レールパーク(旧・

(旧) 1 号機との交換により、頸城鉄道から転入の(新) 1 号機(8頁掲載の写真を拡大)。わが国では希有な中間シリンダー装置を有していた。
1918年秋　流山駅構内　所蔵:秋谷光昭　提供:流山市立博物館

頸城軽便鉄道の機関車。右は１号機、左の小型機関車は２号（Ⅰ）または３号（Ⅰ）（→流山新１号）機。動輪の光が見えるのは手前にシリンダーがない証となろう。機関室はすでに密閉されている。
1915年　新黒井　絵葉書所蔵：宮田憲誠

頸城鉄道百間町車庫）に保存されており、交換によって頸城から移籍した流山（新）１号機が短期間で消息を絶ったのに対し、まことに長命な幸運の持主となって、本年で車齢107年を迎えている。また、頸城の資料では出力の関係で大丸組と取引きしたように記録されているが、この時は大丸組が単に仲介しただけと思われる。

●（新）１号機

前項の（旧）１号と交換に転入した旧頸城鉄道３号（Ⅰ）である。交換理由は不明だが、流山側が1915（大正14）年11月24日譲受使用認可の３ケ月半後に交換願を提出したのは、おそらくこの間に（旧）１号機の購入代金の資金繰リが付かず、交換（等価交換ではなく頸城側が若干の代金上乗せか？）という形で決済し、代機として別に安価な土木用中古機関車、つまり流山２号機を購入したと思われる。

1914年５月コッペル製（製番7718）、5.2ｔＢ型タンク

機だが、コッペルの納入リストには製番7717・7718の納入先は「Japan」とのみ記載されて、何の特記事項もなく、往時は単なる通常型機関車として見過ごされてきた。ところが地元流山の旧家、新川屋所蔵の「大正七年秋　流山停車場」と記載の包紙のなかに保管されていたキャビネ写真乾板が、軸距1,600mmの２個の動輪の中間にシリンダーを設けた、極めて特異な構造の機関車であることを明らかにした。ただし、写真では製造銘板の製造年、製番読み取りは困難であった。

わが国では非常に希な構造の本機の中間シリンダー装置が、製造当初からか、あるいは輸入後の改造かは不明で、金田茂裕が国内改造説[注22]を唱えたのに対し、小熊米雄は断定を避けながらもトラムウェイ（軌道用）機関車として、製造当初からの可能性に言及[注23]したが、両論ともに決め手を欠いていた。

謎を解いたのは、新潟県の地方新聞『高田日報』1914（大正３）年10月２日付紙面掲載の、「本日より開業せる頸城軽便鉄道」のタイトルで「上森本（後の明治

■流山軽便鉄道１号機・頸城鉄道３号機交換の図式

流山軽便鉄道		頸城鉄道	
旧１号	1911年製　コッペル製番5044　9.07ｔＣタンク機　→	３号（Ⅱ）	のち頸城鉄道２（Ⅱ）・現存
新１号	←　1914年製　コッペル製番7718　5.2ｔＢタンク機　機関車＋代金上乗せ？	３号（Ⅰ）	中間シリンダー構造

村)駅と機関車」と説明された写真である。機関車番号は分からないが、頸城鉄道1号（上掲写真参照）とは別な機関車であることは確認できる。重量が同一な頸城鉄道2（Ⅰ）・3（Ⅰ）号は同形と考えられ、被写体がそのどちらかであることは明らかで、原形の機関室は前方に風除けはあるが、屋根は鉄柱が支えるだけの三方向開放式の簡単な造りである。画像を拡大すると動輪の中間にシリンダーが位置することも明らかに識別できて、国内メーカーでの改造説は完全に否定されたことになる。

なお、宮田寛之によるオーストリアに本部を持つClub760（ヨーロッパの有力軽便鉄道同好者団体）への照会結果では、「当該機関車の情報は得られなかったが、動輪と動輪の中間にシリンダーのある構造は基本的にスティーム・トラム用に設計されたもので、主として1880年〜1900年頃のドイツ西部とオランダで運用され、ヨーロッパでは20〜30輛が確認されているが、一部は通常型に改造された」旨の教示を得ている。

頸城鉄道が1914（大正3）年10月1日、新黒井〜下保倉間部分開業直後に本機を手放したのは、一般の機

大正3年10月2日「高田日報」3面の頸城軽便鉄道開業を報じる記事から。機関車が中間シリンダー付き、開放型機関室であることが確認できる。
所蔵：上越市立高田図書館

関車と異なる構造に手を焼いた結果と思われ、同形と思われる頸城鉄道2号（Ⅰ）を早期に他へ譲渡したのも同じ理由であろう。また寒冷地における開放式機関室は厳しく、入線直後に背面を塞ぎ、側面には引戸を設けて密閉式に改造、その姿で流山へ譲渡されたことになろう。

この流山（新）1号機は（旧）1号機に代わって建設工事で酷使したのか、1916（大正5）年3月11日実施の竣功監査当日には修理中であった。しかし数日後に竣功見込みであり、機関車状態もほぼ不良な部分がない点が勘案されて開業支障なしと認められ、ようやく開業認可された経緯があって、3月17日付竣功届を提出している。

その後もチューブ全部が腐蝕し、管板の一部及フレーム両側に亀裂を生ずるなどの記録があり、不調が続いた。1922（大正11）年1月24日譲渡認可を得て、永井弥五郎商店（東京府南千住町）へ売却、以後の動静は明確ではないが、本機か僚機の旧頸城鉄道2号機のどちらかが、東京帝国大学北海道演習林3号となったとする説[注24]が有力である。

ところで『流山市史』は「流山鉄道が最初に（中略）頸城鉄道から購入した機関車はシリンダーピストンと動輪との間に歯車を介する珍しいタイプ」[注25]と説明している。歯車構造の機関車といえば日本ではシェイ式が有名だが、外地を除き津軽森林鉄道→魚梁瀬森林鉄道1号、海軍省呉ET3・4号、官営八幡製鉄所47〜50号の計7輛以外は知られていない。コッペル機にも歯車式機関車が存在した例はあるが、本機の走行部写真を拡大するとメインロッドがそのままビッグエンドに連結しているので、中間に歯車の介在する余地はなく、市史執筆者が何を典拠に歯車云々を記述したかは不明だが、明らかな誤りである。

●2号機

（新）1号機故障修理中のため、3月14日の開業初日に晴れの一番列車を牽いた2号は、B型タンク機で重量4.73t[注26]、前所有者は不明だが、認可申請（日付不明）書類に「1909年アーサーコッペル製、本機関車ハ1911年到着、神奈川県川崎埋立其他土木用ニ約壱ヶ年半使用セシモノニシテ其後大修繕ノ上購入」の記事がある。これが正しければ、前所有者は不明だが、土木工事で使用した中古品を購入したことになる。重量は空車時を示すものと思われるが、臼井茂信の分類に従えばB900mmタイプに属し、わが国（外地を除く）に来着した約334輛と推定されるコッペルの機関車のなかでは最小に近い部類に属している。

就役後は不調のため、代替として正体不明の宮原水管式6tB型タンク機が、試験的に1917（大正6）年1月30日入線するが、成績不良ですぐに返還している。その契約先である服部商店（東京市京橋区）は、建設時に流山へレールを納品した業者で、その関係で本機を納入したが、状態不良のため交換要求された可能性が高い。結局は他の機関車との交換も成立せず、流山が泣き寝入りの形となって国産最初の機関車とされている龍崎鉄道初代2号機の製造メーカーである桜田工場で大修繕を加えて引き続き使用した。（新）1号機とともに連結器改造を実施したが、これは装着の八鳥式連結器をBCF形連結器[注27]へ改めるための措置と考えられよう。その後は大破損して到底使用に堪ずとの事由で廃車、1924（大正13）年8月25日付契約により、横田鉄太郎（東京市本所区）へ僅か500円で売却した。ところが代機として購入の4号機（中古品）の購入価格4,448円85銭に比し、あまりに安価に過ぎると、当局から叱責され、同年10月2日付で鉄道省監督局長あてに社長が始末書を提出する破目に陥っている。

本機の前身について金田茂裕[注28]は「1909−1911年製の納入リストに該当機関車がなく、形式図の製造年1909年が確かであれば軌間は異なるが、製番3613−15のなかの1輛で762mm軌間の旧磐城炭砿が最も怪しい」としている。しかし後に「磐城炭砿では旧太田鉄道（龍崎1号→赤穂1号と同形）の1輛のみが使用された」[注29]と訂正し、結局は全く不詳のままとなっている。

●3号機

1号機の代機として1921（大正10）年4月9日設計認可により、雨宮製作所から購入した6tB型タンク機である。書類には「新品（雨宮製作所既製品）」と記載され、他社発注の注文流れか雨宮のストック品と思われる。当鉄道では唯一の新品の蒸気機関車で、1921（大正10）年3月入線時には「開業5周年記念」と銘打ち「新品機関車御披露と運賃5割引」行事を実施した。改軌まで使用し、以後の消息は不明だが、車齢も若く他鉄道で再起したと思われ、関連して宮田寛之は「確証はないが外観上酷似する埼玉県営鉄道2号機（大日本軌道製、製番127）につながるのではないか」と述べ、別に根室拓殖軌道1号機の前身に疑いありとの説もある[注30]。

実は流山の雨宮製機関車とされる組立図は何点かあり、46頁掲載のものは鉄道博物館所蔵の「六噸四輪聯働機関車之図」と同一である。鉄道名は無記載だが、博物館では同鉄道の図面類のなかに一括整理され、データは設計認可申請書とも一致する。他の「流山軽便

流山３号機と同じ雨宮製作所製６tＢ型タンク機である埼玉県営鉄道２号。
1952.3　的場　Ｐ：寺島京一
提供：宮田寛之

鉄道」六噸機関車組立図は、蒸気溜めと砂箱の位置が逆で、機関室側面前下部のR状切込みの有無、炭庫上部形状の違いやデータにも相違がある。

●４号機

1924（大正13）年６月18日設計認可で、２号機の代機として入線した5.75tＢ型タンク機。この時点ではすでに改軌工事は認可済であったから、在籍期間は短い。ただし、認可以前のかなり早い時期に現車は入線していたという説もある。

株式會社雨宮製作所

四輪聯結サイドボットムタンク

六　噸　機　關　車

軌　　　間	呎吋	2-6	運轉整備重量	英噸	6
汽罐直径及衝程	吋	6×10	動輪上ノ重量　第一	英噸	3
實用最高汽壓	封度	160	全　　　　第二	英噸	3
車輪配列		0-4-0	最大速度(毎一時間ニ付)	哩	14
動輪直径	吋	22	牽引重量(直線水平線上)	英噸	101.5
固定輪軸距	呎吋	4-0	適當ナル轍梁(一哩ニ付)	封度	16ak
傳熱面積	平方呎	86	石炭消費量	木機關車ノ全能力チ發揮	
火格子面積	平方呎	2.7		揮シ得ル場合ニ於ケル	
水槽容量	英ゼロン	160		走行一哩ニ付	斤	8.5
燃料搭載量	封度	400				
最大寸法	最　低衝器頭	呎吋	15-0³/₄			
	幅 昇降把手外端	呎吋	5-6			
	高煙突頂	呎吋	9-1			

東京市深川區和倉町　　　電話本所一三六七・三八四六番

雨宮製作所製６噸機関車『機関車車輌案内』　　提供：宮田寛之

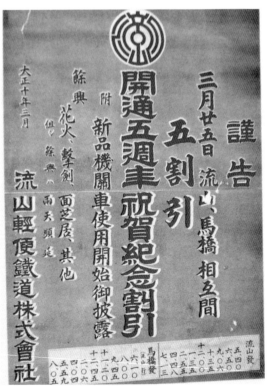

開通五周年祝賀記念割引のポスター。　　提供：流山市立博物館

金田茂裕[注31]は1908年コッペル製、製番2793（推定）、橋本組を経て釜石（→田中）鉱山鉄道16号となるが、後に流山鉄道4号となり、前歴が知られていない流山2号とは全く同形であるとしている。しかし、コッペルの同系機であっても、2号と4号では重量や最大寸法に若干の差異があり、「全くの同形」とは云い難いのではなかろうか。

改軌に伴い1925（大正14）年2月21日付で、3号機や客貨車ロハ1・2、ワフ1、トフ1とともに一斉に廃車されるが、いずれも以後の消息は不明である。

■客車
●ロハ1・2
開業時に準備された客車で、大日本軌道鉄工部で新造の特並等合造木造ボギー客車である。機関車が中古品であったのに対し、客貨車が新品の理由は、軽便鉄道勃興期で廃止鉄道は皆無の時代、適当な中古車輛はなく、やむを得ず新造する以外に確保の途がなかったのである。また大日本軌道鉄工部改組後の雨宮製作所カタログは、台枠に同製作所銘板を合成して取り付けたロハ2の写真を掲載している。1916（大正5）年3月2日設計認可され、C3-V5・3Vの窓配置、うち特等室側は3窓分で定員10人、並等室側は5窓分の定員26人に区分され、いずれもロングシートを備え、トラス棒付き台枠にダイヤモンド型台車を履いた、大日本軌道製の標準的な軽便客車であった。

44頁に掲載のロハ1写真は流山の旧家、新川屋所蔵の「大正五年三月三日　軽鉄員一同」と記載の包紙の中に保管されていた人物集合写真の乾板からのプリントだが、日付が正しければ試運転実施の前日撮影ということになる。屋根上にはトルペード型通風器2個が横に装着され、室内照明用油灯（石油ランプ）の灯具を吊り下げるためのランプケースも2個設けられているのを確認できる。竣功図にも「灯具の種類個数、油灯、2個」と明記してあるほか、1924（大正13）年7月10日実施で、客車内へ電灯2個（蓄電式）付に改造している。したがって、「困ったことに客室に灯火の設備がない為、夜になると真っ暗になる。だから提灯をつけて乗ってくる人もいた」[注32]という古老の話は面白くても信じ難い。室内灯がなければ乗降にも危険を伴うから、常態的には皆無ということはあり得ないのである。

ロハ2。雨宮製作所の製品カタログに掲載された写真だが、実際は改組前の大日本軌道鉄工部時代の製造である。
雨宮製作所『機関車車輛案内』より　提供：湯口　徹

■車体の窓配置に関して

　客車、内燃動車と固定編成以前の電車の妻面形状や側面の扉や窓数はアルファベットや数字で示した。この方式は近年余り用いられないが、改造状態などを簡便に記す方法として用いた。すなわち妻面形状は、S＝流線形、C＝半流線形、F＝平面、側面はD＝客用扉、B＝荷物室扉、d＝乗務員扉、V＝ヴェスティビュール（外妻仕切りはあるが扉なしの客用デッキ）、O＝オープンデッキ（外妻なし、鉄柵付きであっても扉なしの客用デッキ）、数字は窓数である。

流山軽便鉄道の試運転前日に撮影されたロハ１。 1916.3.3　流山　所蔵：秋谷光昭　提供：流山市立博物館

小坂鉄道ホニ２（旧流山ロハ２）。小坂鉄道での晩年は室内灯の電源用として発電用エンジンを搭載していた。
1959.10.3　大館　Ｐ：髙井薫平

改軌後は２輌とも小坂鉄道へ転じてハ10・11となり、さらにホニ１・２に大幅改造されて戦後まで活躍したが、晩年は窓を塞がれ、有蓋貨車然としていた。

■貨車

●ワフ１、トフ１

客車と同一認可、同一メーカーで製造された有蓋木造四輪貨車および無蓋木造四輪貨車各１輌。荷重はいずれも４ｔで、ワフ１は車端に車掌室を設けて妻面にはブレーキハンドルカバーが突出している。自

■軽便用車輌（機関車）主要要目表

番号	（新）１	２	３	４
軸配置	Ｂ	Ｂ	Ｂ	Ｂ
汽筒直径	5 3/4"	5 33/64"	6吋	150mm
唧子衝程	10"	7 7/8"	10"	305mm
動輪直径	1'-8 5/8"	1'-7 11/16"	22	550mm
固定軸距	2'-11 1/2"	5'-3"	4'-0"	900mm
實用最高汽壓	176封度	176封度	160封度	10kg/cm²
火炉面積	2.8平方呎		2.8平方呎	
傳熱面積	78.51平方呎		86平方呎	
水槽容量	135ガロン		160ガロン	
燃料櫃容量	8立方呎		10立方呎	
運轉整備重量	5.2噸	4.73噸（空）	6.0噸	5.75噸
最大長	13'-9 7/8"	13'-9 61/64"	15'-6 1/8"	4,210mm
最大幅	5'-3"	4'-3 63/64"	5'-6"	1,500mm
最大高	9'-1 13/16"	7'-9 63/64"	9'-1"	2,665mm
制動機の種類	手用	手用	手用	手用
製造所	コッペル	コッペル	雨宮製作所	コッペル
製造年	1914年	1909年	1921年	1908年

■軽便用車輌（客車）主要要目表

記号番号	ロハ１・２
定員（人）	36（ロ10）
自重（ｔ）	3.75
車体構造	木造
最大長	27'-0"
最大幅	6'-6"
最大高	10'-1 1/8"
軸距	3'-4"
（ボギー中心間）	（14'-0"）
製造所	大日本軌道鉄工部
製造年	1916年

ワフ1。軌間762mm時代、
ただ2輌のみだった貨車のう
ちの1輌。
雨宮製作所『機関車車輌案内』
より　　　　提供：湯口　徹

トフ1。改軌前唯一の無蓋車。
雨宮製作所『機関車車輌案内』
より　　　　提供：湯口　徹

重2.2t、最大寸法16'-6⅛"×6'-2½"×9'-2¼"、
トフ1は自重1.6t、最大寸法16'-0"×5'-10¼"×5'-
0¾"である。大量の味醂輸送に鉄道側が期待を掛け
ていたとする、地元の通説とは真逆の営業上最低限の
輌数であり、しかも工事施工認可申請時の「有蓋緩急
貨車弐輌、無蓋緩急貨車弐輌」の計画半減は、資金難
によるものであろうか。改軌時に廃車されたが、以後
の動静は不明である。

注21) 金田茂裕『O&Kの機関車』p90(1987年・機関車史研究会)による
　　と「頸城では4号となり、間もなく3号(Ⅱ)へ、そして古い2号を処分
　　したあと2号(Ⅱ)に改番した。」と発表している。臼井茂信『機関車の系
　　譜図Ⅱ』p238(1873年・交友社)も同様な見解であるが、『頸城軽便鉄
　　道第5〜12回(1915年度上期〜1918下期)営業報告書』車輌現在表に
　　は、流山からの転入機関車を示す「六輪連結タンクエンジン、1輌、総
　　重量9.07t」の記載はあるが、機関車関係記事は全て1〜3号のみで、
　　4号の記載は皆無であるから、転入時または直後(1916年8月9日付
　　機関車番号変更届出の記事があるが内容不明)に空番を埋めて3号(Ⅱ)
　　と付番した可能性が高い。小林宇一郎『頸城鉄道』『鉄道ピクトリアル』
　　160号p46〜53(1964年)は4号に関しては全く言及していない。

注22) 前掲書注21) p52〜53
注23) 小熊米雄『日本の森林鉄道(上)』p130(プレス・アイゼンバーン・
　　1989年)
注24) 前掲書注23) p131
注25) 流山市『流山市史通史編(2)』p670(流山市教育委員会・2005年)
注26) 宮澤元和『流山電気鉄道』『鉄道ピクトリアル』186号p61(1966年)
　　では1号と2号の要目が本書とは逆である。これは開業監査報告書車
　　輌欄に車輌番号の記載がなく、代わりに重量順に「4.73t」「5.20t」と記
　　載してあるのみで、この重量が何号のデータかは不明である。このた
　　め同記事では番号順に記載と誤認して「4.73t」を1号のものとして扱っ
　　た結果であろう。本書では頸城鉄道側数値と同一の「5.20t」機関車の数
　　値を以て1号のものと判断した。また、本書の沿革に引用の松本翠影
　　および岡本鷹之助の思い出話は最初の機関車を指して「品川海岸埋立工
　　事に使用した」と記すが、「最初」が開業時を意味するのであれば本文記
　　事のとおり誤りである。また北野康彦『町民鉄道の60年』p60、『総武
　　流山電鉄70年史』p92では「流鉄最初の機関車については二説あり、真
　　相は定かではない」と曖昧な表現をしている。
注27) 軽便車輌連結器の詳細は湯口　徹「軽便鉄道の連結器(Ⅱ)(Ⅲ)」『鉄
　　道史料』147号p17〜21、148p24〜36(2016年)を参照
注28) 前掲書注21) p57
注29) 金田茂裕『H.K.ポーターの機関車』p66(機関車史研究会・1987
　　年)、また、臼井茂信『機関車の系譜図2』p236(交友社・1973(昭和
　　48)年)では「中古(前歴不詳)」としている。
注30) 澤内一晃・星良助『北海道の私鉄車輌』p158(北海道新聞社・2016
　　年)による。
注31) 前掲書注21) p56〜57
注32) 松本翠影『ゴトゴト走って60年』『流山を愛す』p36(流山を考える
　　会・1977年)

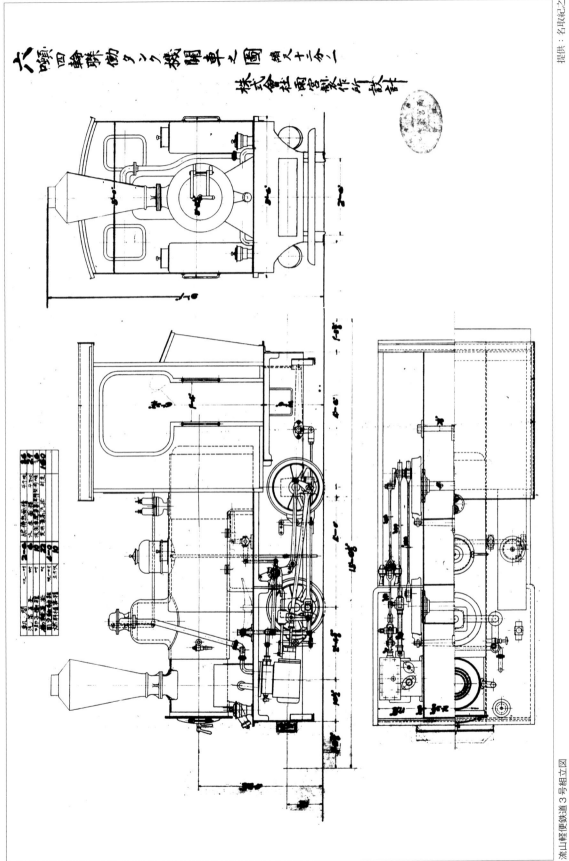

提供：名取紀之

流山軽便鉄道口ハ1・2組立図

47

上巻のあとがき

　流鉄に関する今回の発表で最も苦労したのは軽便用車輌の調査である。とくに在籍4輌の全部の機関車に何らかの疑問符が付くのを少しでも解明したいと努め、おそらく発表までに要した時間の約半分を費やしたのではないかと思う。とくに(新)1号機は、地元の流山市立博物館のご厚意で、乾板からの精密な写真をプリントして頂けたが、銘板は読取れず、さらに国立公文書館等の各所で何度も資料を漁り、先輩、友人からも多くの有益な論考、資料をご提供頂き、助言も頂戴したが、明確な決め手を得られなかった。ところが某日、(新)1号機の前所有者である頸城軽便鉄道の後身である頸城自動車のホームページ「頸城鉄道資料」を見ていると「開業時の新聞『高田日報』は5日間に亘り48,000字に及ぶ試乗記を連載」の記事を見付けた。5万字近い記事であれば、何かヒントになる事柄や写真が掲載してあるのではないか？　ダメモト覚悟で、直ぐに新潟県上越市へ飛び、所蔵先の市立高田図書館で閲覧した。結果は今回発表の写真を発見して、従来は製造時からか、国内改造なのか不明のまま推移してきたわが国では希有な中間シリンダー装着の(新)1号機関車が、どのような状態でドイツから到着したかを突き止め得た。この時の新事実発見の嬉しさは機関車研究者だけが味わうことができる醍醐味かも知れない。しかし、他の軽便機関車の新しい事実を示す資料は発見できず、疑問点を多く残した口悔しさも残ったが、客貨車についてはある程度の情報をお届けできたのではないかと思っている。下巻では改軌以後の車輌について紹介の予定である。

雑木林の傍らを走るモハ1101＋クハ51に木製架線柱。40年前は上野からわずか20kmの場所にこのような情景が残されていた。
　　　　　　　　　1979.3.9　鰭ヶ崎付近　P：名取紀之